Mädchen im Netz

Martin Voigt

Mädchen im Netz

süß, sexy, immer online

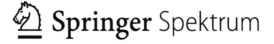

Martin Voigt
Hallbergmoos
Deutschland

ISBN 978-3-662-47034-3   ISBN 978-3-662-47035-0 (eBook)
DOI 10.1007/978-3-662-47035-0

Die Deutsche Nationalbibliothek verzeichnet diese Publikation in der Deutschen Nationalbibliografie; detaillierte bibliografische Daten sind im Internet über http://dnb.d-nb.de abrufbar.

Springer Spektrum
© Springer-Verlag Berlin Heidelberg 2016

Planung: Marion Krämer
Einbandabbildung: ((iStock_000054877884_Double))

Gedruckt auf säurefreiem und chlorfrei gebleichtem Papier.

Springer Berlin Heidelberg ist Teil der Fachverlagsgruppe Springer Science+Business Media (www.springer.com)

Inhalt

1

Einleitung

1.1 Schaaatz ich lieebe dich < 3

Warum können Teenager ihr Smartphone kaum aus der Hand legen? Warum nennen sich beste Freundinnen auf Facebook *Schatz, Engel, Süße, Seelenverwandte* und *Ehefrau*? Und warum wollen 12-jährige Mädchen auf ihren Onlinefotos *süß* und *sexy* wirken?

Was für Erwachsene befremdlich wirkt, ist für die Mädchen von heute identitätsstiftend und ganz normal. Ihre Lebenswirklichkeit hat sich im Vergleich zu früheren Generationen deutlich verändert. Die Schule endet oft erst am späten Nachmittag, zusätzlich sind ganze Jahrgangsstufen online vernetzt und verlängern den Schultag dadurch künstlich. Soziale Netzwerke sind wie ein virtueller Pausenhof. Jeder zeigt sich auf seinem Onlineprofil so, wie er von seinen Mitschülern gesehen werden will. Deswegen findet auch keine unverbindliche, spielerische Identitätsbildung statt. Die 12- bis 16-Jährigen sind fast den ganzen Tag unter Gleichaltrigen, egal ob off- oder online. Wer dazugehören will, muss dort sein, wo die Freunde sind. Gerade die dauerhafte Onlinekomponente hat es in sich. Jeder kann auf Facebook nachvollziehen, wer mit wem wie sehr befreundet ist und was er gerade macht.

Wenn man sich die Onlineprofile, Fotokommentare und Gästebücher der Mädchen genau ansieht, liest man sehr häufig überschwängliche Zuneigungsbekundungen wie *ich liebe dich, woow bist du hübsch süße* und immer wieder *allerbeste Freunde für immer und ewig*. Es entsteht ein regelrechter Kult um das eigene Aussehen und die beste Freundin.

Die Mädchen leisten im wahrsten Sinne des Wortes Beziehungsarbeit und stimmen ihren Onlineauftritt auf die sozialen Gepflogenheiten in ihrer Altersgruppe ab. Da das Ranking in Mädchencliquen auf Facebook offensichtlich ist, wird die *allerbeste Freundin* zur sozialen Notwendigkeit. Unzertrennliche Freundinnen meistern als *Dreamteam* jede Situation. Zusammen lässt sich der Schulalltag nicht nur viel besser aushalten, sondern man kann zu zweit auch sehr viel Spaß haben. Und fast alles ist ein Foto wert. Unzählige Fotoalben auf Facebook mit Titeln wie *ich und meine beste* zeugen von gemeinsamen Lachflashs, Shoppingausflügen oder einfach nur langweiligen Wochenenden. Die beste Freundin ist mehr als nur eine Inszenierungskomponente für das Onlineprofil. Sie kann zur allerwichtigsten Bezugsperson werden. Ellenlange Freundschaftseinträge auf der Pinnwand, die stets mit *ich liebe dich* und vielen Herzchen <3 enden und für Erwachsene aufgesetzt und kitschig wirken, sind oftmals kein profanes Liebesgetue. Im Netz wird hinter der überbordenden Inszenierung von Gefühlen eine emotionale Abhängigkeit unter Freundinnen deutlich, die die althergebrachte Vorstellung von Mädchenfreundschaften sprengt.

Dieses Buch beschreibt eine stark aufeinander bezogene Teenagergeneration. Im Fokus stehen jene gesellschaftlichen Veränderungen, die neben dem Aufkommen der sozialen Netzwerke als weitere Ursache für das auffällige Verhalten der Digital Natives infrage kommen.

1.2 Warum dieses Buch?

Als ich mich an der Uni in Linguistik einschrieb, ahnte ich nicht, dass ich mich die nächsten Jahre mit der Selbstdarstellung pubertierender Mädchen in sozialen Onlinenetzwerken beschäftigen würde. Wer beginnt schon ein Studium, um es mit einer Doktorarbeit über *Mädchenfreundschaften unter dem Einfluss von Social Media* zu beenden? Das Ergebnis ist ein Wälzer über die Sprache und Lebenswelt *allerbester Freundinnen*. Als ob es damit nicht genug wäre, halten Sie nun dieses Buch in Ihren Händen. Und das kam so:

In einem Seminar zum aktuellen Sprachwandel sollte ich eine Arbeit über Chatkommunikation schreiben. Als Anhaltspunkt gab es Forschungsliteratur aus den späten 90ern, die Chats von anonymen Teilnehmern irgendwo im World Wide Web untersuchte. Daraus hätte ich ein paar typische Abkürzungen wie *cul8ter* zitieren können, und damit wäre der Hausarbeit Genüge getan gewesen, wenn ich nicht folgende Sätze meiner Nachhilfeschülerin im Ohr gehabt hätte: „Kennst du fs-location? Wir sind da jetzt alle!"

Fs-location war damals für die Region um Freising das, was Facebook heute für die ganze Welt ist, mit dem Unterschied, dass sich Erwachsene 2007 noch kaum online in Szene setzten. Fs-location war ein virtueller Tummelplatz

Abb. 1.1   Beste Freundinnen, 13 Jahre, fs-location 2007 © privat

für die Freisinger Schüler. Mit „wir" meinte meine Nachhilfeschülerin ihre Freundinnen und ihre Jahrgangsstufe. Ich beschloss, meine Seminararbeit mit ein paar aktuellen Beispielen zu versehen, erstellte mein erstes Onlineprofil und entdeckte unter dem Pseudonym *LiTtLe PriNcCesSi* tatsächlich meine Nachhilfeschülerin (Abb. 1.1).

Sie hatte sich mit ihrem Handy vor dem Badezimmermerspiegel fotografiert und zog dabei eine merkwürdige Schnute. Heute kennt man dafür die Begriffe Selfie und Duckface. Ich klickte auf ihre Freundesliste, und da war die ganze Klasse 8a online. Von fast allen Mädchen gab es solche Spiegelfotos, von vielen zu zweit, Wange an Wange mit ihrer Freundin, oder sie hatten sich mit ausgestrecktem Arm von schräg oben fotografiert. Sie machten unschuldig

große Kulleraugen und hatten ihre engsten Spaghettiträger-
tops angezogen. Definitiv nichts für mein Seminar. Auf der
Suche nach Sprachbelegen stöberte ich nun durch die öffentlichen Gästebücher der Freisinger Teenagergeneration.
Was ich dort zu sehen bekam, wurde nicht ansatzweise in
der Forschung erwähnt.

Wieder waren es die Mädchen, die auffielen. In ihren
Gästebüchern waren erstaunlich viele und lange Einträge
– aber nicht von unglaublich verknallten Jungs, wie ich auf
den ersten Blick dachte. Überall stand: *ich liieeebe dich sooo
sehr, du bist mein ein & alles, nie mehr ohne dich* und *ich
bin immer für dich da!* Absender waren ihre besten und allerbesten Freundinnen, die auf dieser öffentlichen Präsentierfläche eine größtmögliche sprachliche Geste platzierten
und aller Welt, also den anderen Mädchen aus den achten
Klassen, deutlich machten: *Wir zwei sind unzertrennlich!*
Ich gab eine Hausarbeit ohne Literaturangaben ab und zi-
tierte stattdessen einige Einträge von Mädchen, die damals
um die 14 Jahre alt waren, beispielsweise:

> schatz..ich liebe dich so sehr, mehr als alles andere auf der
> welt..du bist mein ein und alles, und ich will dich niiie
> wieder verlieren, kein einziger kann uns mehr trennen..
> ich wüsste nicht, was ich noch ohne dich machen sollte..
> du bist einfach mein leben schatz..und das für immer und
> ewig..nur du und ich bis in die ewigkeit.. ich liebe dich
> über alles mein schatz...ich liebe dich so sehr.. einfach un-
> endlich viel und des für immer..ohne dich wüsst ich nicht
> mehr, wies in meim leben noch weiter gehn sollte..ich
> brauche dich einfach viel zu sehr.. und das für immer und
> ewig.des war sou schön mit dir, wie wir telefoniert haben
> x) müssen wir unbedingt wida machen (: freu mich schon

sou drauf *megafreu* ich will dich niiiie wieder verlieren, und trennen kann uns ja eh keiner, schatzi :]ich liebe dich so sehr schatz.. nur du und ich bis in die ewigkeit

Du & Ich… bis in die Ewigkeit…
ich Liebe dich über alles… & ich wüsste nicht, was ich ohne dich machen würde!!!! ohne dich!?! Niemals!!!
Du bist die WICHTIGSTE Person in meinen Leben!! Ich & Du haben schon so viel Shit zusammen gebaut!
Ich will dich einfach nie verliern. Ich brauch dich einfach!!!
Schon seit dem Kindergarten sind wir 2 beste Freundin!!< 3
Was besseres wie dich… gibst nicht!!=D
Haben noch nie so gestritten wie manch andere. Und darüber bin ich so froh!
Mit dir kann man einfach überalles reden!! Und dafür dank ich dir!!! best Friends für immer & ewig!!! x3
.N E I N. ich will nicht die Sterne vom Himmel.
ich brauch auch nicht die Welt vor meinen Füßen.
ich will nicht das schönste.& auch nicht das beste.
ich will kein Geld und keine Geschenke.
nichts unmögliches & keine beweiße.
nein… iCh will nur eins.
nur .DICH.

bebii'h. omfq. es tut mir soo leid. aber ich halt des einfach nich aus. wenn du nich on bist. :‖
ich muss die jetz halt einfach mit ein paar qb's bombadieren. ;D thihihi. moii shatz. ich merk doch, dass immer noch nich bei dir alles in ordnung is. ich bin ja auch nich doof. saq mir doch bitte endlich, wie ich dir helfen kann. ich kann dich nich so leiden sehn, schadz. okeey? und oft werd ichs nich mehr saqn.. : wir pack'n des zusammn.

aber saq es mir doch einfach, okay? ich bin ja auch immer für dich. und ich werd immer für dich daa sein. denn ohne dich qibt's kein mich. des is dir schon alles bewusst, oder?? =DD meiin qott. was hab ich dich doch in den letzten wochen vamisst. zuerst im urlaub. dann ne woche ne klassenfahrt. und jetz is diese schreckliche sache passiert. :|| es tut mir echt leid, mauusi. wirklich. ich wüsste zu gern, wie ich dir helfen kann. ://ich will jetz einfach nur noch bei dir sein und dich umarmen. mauusi.
schreib mir bitte endlich wieder. wenn anqeblich alles wieder in ordnunq is..?! =DD ich lieb dich einfach sooo unbeschreiblich sehr viel. =DD ich will dich jetz auf der stelle einfach nur noch abficken. und du siehst sooo qail aus. deshalb qehörst ab heute offiziell nur noch mir. thiihiiihii. und ich freu mich schon soo derbe auf unsern telefonabend. der hoffentlich bald kommen wird.
hihii. des wird fickn qail. echt mindestens 2 stunden teln müssn wir. und ich werd nur die qanze zeit „ich liebe dich" labern. XD sooo schadz. it's time to say qoodbye. ooh qott. wie ich des hasse.
alsooo bis später, mäuschen. U && ME tugetha foevaa. die anderen BxTCHES --> verrecken!!
< 33

Angesichts solcher Belege fielen die fehlenden wissenschaftlichen Quellen nicht weiter auf. Diese gab es schlichtweg nicht, obwohl sich überall in Deutschland in den Onlinenetzwerken wie Jappy, KWICK! oder schülerVZ die Emotionen unter den Mädchen überschlugen. Mit langen Einträgen im Gästebuch ihrer Freundin machten sie der ganzen Klasse klar, wer hier die allerbeste Freundin ist. Um das Thema als Forschungsgegenstand vorzustellen, veröffentlichte ich 2011 eine kleine Studie „zur Beziehungsarbeit und Identitätskonstruktion in Mädchenfreundschaften" und begann anschließend mit meiner Dissertation. Aus der Perspektive der Jugendsprachforschung beschreibe ich darin die Gefühlskommunikation und Selbstdarstellung der Mädchen auf sprachlicher und inhaltlicher Ebene.

Aufgrund der Menge von emotional überladenen Einträgen und romantischen Selfies ineinander verliebter Mädchen wurde deutlich, dass ich keine kuriosen Stilblüten aus dem Internet ausgegraben hatte. Die *Meilleures amies pour la vie* aus Frankreich schmachteten genauso kokett in die Fotokameras ihrer Handys wie die *Bedste veninder for altid* aus Dänemark. Überall gingen die Mädchen dazu über, ihre großen Gefühle in Schablonen zu gießen.

Eine Journalistin, die meine erste Studie gelesen hatte, wollte einen Artikel über die modernen Mädchenwelten schreiben. Ich gab mein erstes Interview, und am 13. April 2012 lautete der Titel auf Siete 3 vom *Münchner Merkur* „Meine allerbeste Freundin". Die zitierten Liebesschwüre und die große Fotocollage mit Selfies von unzertrennlichen Freundinnen ließ den Zeitungsleser einen Blick in die Mädchenherzen werfen.

Bald zog *der Spiegel* nach: „Ich liebe dich so fucking' vieel < 3." Die *Süddeutsche Zeitung* titelte „Wenn Schulmädchen zu Lolitas werden" in der Online- und „Schulmädchenreport 2.0" in der Printversion. Als Zeitungsredakteur konnte man die Inszenierung mädchenhafter Erotik nicht einfach ignorieren. Immer mehr Zeitungen griffen das Thema auf, und bald wurden Radio- und Fernsehsender auf das romantisierte Liebgetue der Schulmädchen aufmerksam, das einen tragischen Höhepunkt erreichte:

Seit die sozialen Medien in den Schulen angekommen waren, wurde von besten Freundinnen das romantische Fotomotiv in die Ferne führender Bahnschienen neu belebt. Sie posierten eng umschlungen oder Händchenhalten auf dem Schotterbett zwischen Gleisen und zeigten so ihren Mitschülern, wie wundervoll ihre Freundschaft war. So unzertrennlich wie ein endlos in die Weite laufendes Schienenpaar. Dramatisch waren auch die Sprüche zu solchen Fotos: *Auch wenn jetzt ein Zug kommen würde … ich würde deine Hand nie loslassen & auch wenn er uns erwischen würde ich wäre froh bei dir zu sein.* Oder: *Ich liebe dich über alles & wenn du aus dieser Welt treten willst, mein Engel. dann geh ich mit dir, denn ich folge dir, egal wohin.*

Das Gleisbett bietet viele Sinnbilder. Fernweh, Lebensweg, Einsamkeit, unzertrennliche Freundschaft, der besondere Augenblick oder Gefahr bilden das Symbolspektrum der Gleise, und nebenbei verleihen sie dem Bild auch sinnliche Tiefe (Abb. 1.2). Zwei zarte Mädchenkörper wirken noch zerbrechlicher, wenn sie aneinandergeschmiegt auf grobem Schotter einen Gegensatz zum massiven Eisen der Schienen bilden, auf dem jeden Augenblick wieder tausende Tonnen Zug entlangdonnern. Mädchen, die diese Botschaft durchaus in ihre Fotos legten, antworteten auf Fragen, warum sie sich ausgerechnet dort fotografieren, meist lapidar: Weil es schön ausschaut, im Garten kann ja jeder Fotos machen.

Unzählige Mädchen ab ungefähr 12 Jahren sind hingerissen von der Erfahrung, eine Freundin zu haben, die genauso fühlt wie sie selbst und die sie nie wieder verlieren möchten. Dieses Gefühl muss unbedingt als Foto festgehalten werden. Auf Facebook hochgeladen wird es zum Beweis für

Abb. 1.2 Das Gleisbettmotiv kursierte in den Onlinegästebüchern. Bilder aus dem Internet wurden bearbeitet (*rechts*), immer mehr Mädchen machten aber auch ihre eigenen Gleisfotos (*unten links*) © Scherbinator/iStock, © KristianMajzlan/iStock, © privat

diesen einzigartigen Augenblick der Verbundenheit. Eines wollen die allerbesten Freundinnen jedoch nicht, nämlich sich gemeinsam umbringen. Das war aber die erste Vermutung der Presse, als 2011 zwei Mädchen – 13 und 16 Jahre alt – in der Nähe von Memmingen von einem Zug erfasst wurden und tödlich verunglückten. Auf ihren schülerVZ-Profilen waren Fotos, wie sie zu zweit in den Gleisen sitzen, und auch die Texte auf den Bildern entsprachen dem typischen Muster: *Egal, was passieren mag, wir gehen gemeinsam unseren Weg..! < 3.*

Polizeibeamte, die so etwas noch nie gesehen hatten, gingen von einem Selbstmord aus. Ich rief bei der Polizei in Memmingen an und erklärte, dass ich auf den Profilseiten von Mädchen täglich solche Gleisfotos sehe und eher von einem Unfall ausgehen würde. Als sich meine Vermutung bestätigte, zeigte ich der Polizei noch am selben Tag mein gesammeltes Bildmaterial, was eine Zeit der gemeinsamen Präventionsarbeit begründete. Bei einem vergleichbaren Fall im Jahr 2013 ergab die Überprüfung einer Handychipkarte, dass die beiden Mädchen (14 und 15 Jahre) schon mehrere Freundschaftsfotos gemacht und den Zug vermutlich zu spät bemerkt hatten. Wieder konnte ein Doppelselbstmord ausgeschlossen werden.

Mit der Bundespolizei München stellte ich das Phänomen „Selfies im Gleisbett" unter anderem auf dem Deutschen Präventionstag 2014 vor. Inzwischen sind die Hintergründe sämtlichen Dienststellen bekannt, und geeignete Präventionsmaßnahmen für den Schulunterricht wurden entwickelt. Einige Male konnten Mädchen schon während ihres gefährlichen Fotoshootings erwischt und über die Gefahren aufgeklärt werden. Etliche Facebook-Selfies auf den Schienen haben Präventionsarbeit direkt in den Klassenzimmern nach sich gezogen.

Das Interesse der Medien an den Schulmädchenselfies stieg nach dem zweiten tödlichen Unfall noch einmal deutlich an. Fernseh- und Radioredakteure wollten wissen, was in dieser Generation los ist und welche Rolle die Onlinenetzwerke für Mädchen spielen. Ich musste erst einmal erklären, dass es in online vernetzten Schulklassen um mehr geht als um gefährliche Freundschaftsfotos. Mit einem Fokus auf die beiden Unfälle entstand der Eindruck, Mädchen würden hauptsächlich Fotos zwischen Schienen machen. Dass diese Szenerie als Bildhintergrund nur eine Spielart in den emotional aufgebauschten Inszenierungen von Freundschaft war, konnte ich anhand verschiedener Fotomotive aber schnell deutlich machen.

Nun lauteten die Fragen, *warum* der besten Freundin auf einmal so viel Bedeutung beigemessen wurde. *Was* steckte eigentlich hinter dem emotionalen Trend? *Warum* erhoben Mädchen das öffentliche Huldigen der besten Freundin zum Kult und legten in ihren Onlineauftritt einen Sexappeal, der zwischen verspielter Lolita und offensiver Erotik schwankte? Meine Dissertation beschrieb das Phänomen zunächst einmal mit einem Schwerpunkt auf der sprachlichen Analyse der öffentlichen Gefühlskommunikation. Auf dieser empirischen Grundlage kann nun die sozialpsychologische Interpretation aufbauen. Vor allem Eltern und Lehrer wollen wissen, *warum* ihre Töchter und Schülerinnen dem Ich-liebe-dich-Kult verfallen sind. Zur sexualisierten Selbstdarstellung hatte ich in der F.A.Z. (2014) ein paar Thesen skizziert. Viele Leserbriefe waren ebenfalls eine Aufforderung, die Lebenswelt der Schulmädchen in einem Buch ausführlicher vorzustellen.

Aber es gab auch kritische Stimmen, denn das Verhalten der Digital Natives sei doch einfach zu erklären: Das „normale Sichausprobieren" wird durch die öffentliche Selbstdarstellung in den sozialen Medien auf eine völlig neue Weise ausgeleuchtet. Das Zusammenwirken von „normaler Identitätsfindungsphase" und den neuen Medien hat eine Jugendkultur der übersteigerten Selbstinszenierung ausgelöst. Das ist richtig, aber nur die halbe Wahrheit. SchülerVZ, Facebook und Co haben die zwischenmenschlichen Dynamiken in Schulklassen zwar immens verstärkt, aber diese öffentlichen Bühnen können nicht dafür verantwortlich gemacht werden, was auf ihnen gezeigt wird. Die tieferen Ursachen für menschliches Verhalten liegen im Menschen selbst begründet.

Dieses Buch blickt hinter die Inszenierung auf das psychodynamische Fundament und stellt schlichtweg die Frage: Was ist eigentlich die „normale Pubertät" und welche gemeinsamen Erfahrungen machen Mädchen heutzutage in ihrer Lebenswelt? Da die sozialen Medien nicht nur Auslöser und Verstärker sind, sondern erstmals die Bedürfnisse und Selbstbilder einer gesamten Generation auch für Außenstehende offenlegen, ermöglichen sie dieses Buch überhaupt erst. Es widmet sich zunächst dem medialen Einfluss auf die Jugendkultur (Teil 1) und anschließend der emotionalen Konstitution der untersuchten Teenagergeneration (Teil 2).

Literatur

Der Spiegel (2012) „Ich liebe dich so fucking' vieel <3" Nr. 42. http://magazin.spiegel.de/EpubDelivery/spiegel/pdf/89079816

Münchner Merkur (13. April 2012) Meine allerbeste Freundin, Nr. 86 S. 3

Süddeutsche Zeitung (30. Nov. 2012) Wenn Schulmädchen zu Lolitas werden. http://www.sueddeutsche.de/muenchen/kommunikation-von-jugendlichen-auf-facebook-wenn-schulmaedchen-zu-lolitas-werden-1.1538526

Voigt M (2011) Soziolinguistische Studie zur Beziehungsarbeit und Identitätskonstruktion in Mädchenfreundschaften: Vorstellung der Online-Kommunikation bester Freundinnen in Social-Media-Formaten. http://www.mediensprache.net/networx/networx-61.pdf

Voigt M (30. Jan. 2014) Sexuelle Selbstinszenierung im Internet. „Sexy bitch" liebt „klaiines luuder" F.A.Z., 7. http://www.faz.

net/aktuell/politik/inland/sexuelle-selbstinszenierung-im-internet-sexy-bitch-liebt-klaiines-luuder-12777228.html

Voigt M (2015) Mädchenfreundschaften unter dem Einfluss von Social Media. Eine soziolinguistische Untersuchung. Peter Lang, Frankfurt a. M.

Teil I

Wie Social Media aus Kindern Selbstdarsteller machen

Like If You Think I'm Cute.

Facebook ist mittlerweile schon ein Synonym für soziale Medien. Jeder kennt das weiße f auf blauem Grund. Dennoch bietet es sich an, einen Überblick über die Funktion und Entwicklung der Onlinenetzwerke zu geben. Warum waren die kleineren Seiten wie schülerVZ erst so beliebt und haben dann plötzlich gegenüber Facebook so massiv verloren? Warum haben die sozialen Netzwerke überhaupt ganze Schulklassen erreicht? Wenn man sich die Gründe für die Beliebtheit von Facebook & Co näher ansieht, blickt man unversehens schon auf die aktivste Nutzergruppe. Das Vernetzen in Freundeslisten, das pausenlose Chatten, das Vergleichen mit anderen und das tägliche Perfektionieren des Auftritts hat vor allem bei Mädchen einen Nerv getroffen.

Jungen- und Mädchenfreundschaften sind unterschiedlich. Mädchen kreisen sehr viel mehr um sich und ihre Freundschaft. Poesiealben, Polaroidfotos zusammen mit der Schulfreundin, kleine Geschenke und Gesten oder auch gemeinsame Tagebücher standen bei Mädchen schon immer hoch im Kurs. Während Mädchen im Pausenhof Grüppchen bilden und wahnsinnig viel zu erzählen und zu lachen haben, suchen Jungen eher den Schulterschluss. Sie müssen sich nicht ständig anlächeln, um ihre Freundschaft zu bestätigen, denn wer zusammen den Bolzplatz unsicher macht, ist doch schon befreundet, ohne dass man groß darüber reden muss.

Das schriftliche Ausformulieren von Gefühlen in Gästebucheinträgen rückt die Beliebtheit in der Klasse noch mehr in den Vordergrund. Für Teenager entstehen dadurch aber keine neuen Möglichkeiten, sich auszuprobieren und Sozialverhalten zu testen. Auch scheinbar originelle oder ironisierende Inszenierungen betonen lediglich die drei Identitätsbausteine hübsch, beliebt und beste Freundin. Teil 1 dieses Buchs zeigt, wie soziale Onlinenetzwerke Mädchenfreundschaften emotionalisiert und Teenager zu versierten Selbstdarstellern erzogen haben.

2

Sehen und gesehen werden: Wie nutzen Schulmädchen soziale Onlinenetzwerke?

Das persönliche Profil in einem Onlinenetzwerk lässt sich mit dem altbekannten Poesiealbum oder dem in der Grundschule beliebten Freundebuch vergleichen. Auf der ersten Seite stellt man sich vor. Man klebt ein schönes Foto von sich an die dafür vorgesehene Stelle und beantwortet Fragen zur Person (Alter, Wohnort, Spitzname, Hobbys, besonderes Kennzeichen, Lieblingslehrer, -essen, -musikgruppe usw.). Die erste Seite eines Poesiealbums entspricht ziemlich genau dem virtuellen Nutzerprofil.

Die weiteren Seiten sind den Freunden vorbehalten. Das Poesiealbum wird ihnen der Reihe nach ausgeliehen, damit sie einen schönen Eintrag mit Foto und Spruch gestalten können. So ähnlich ist das auch mit den Onlinegästebüchern, die manchmal Pinnwand heißen und zu jedem Onlineprofil dazugehören.

Zwischen Poesiealben und Onlineprofilen gibt es jedoch Unterschiede, die das Miteinander in Schulklassen auf den Kopf gestellt haben. Ein Poesiealbum wird zugeklappt und steht im Schrank, sobald jede Freundin einen Eintrag geschrieben hat. Ein Onlinegästebuch hingegen ist immer einsehbar und kann stets mit neuen Einträgen versehen werden. Die einzelnen Einträge stehen nicht gleichberechtigt nebeneinander wie die Seiten zum Umblättern in dem Poesiealbum, sondern an erster Stelle steht der neueste Eintrag auf der aktuellen Seite des virtuellen Gästebuchs. Mädchen, die zeigen wollen, dass sie mit der Profilinhaberin befreundet sind, schreiben immer wieder neue Einträge und freuen sich auf ebenso viele Antworten auf ihrer Pinnwand.

Diese interaktive Öffentlichkeit macht die Selbstdarstellung auf Bildern sowie die Zurschaustellung von Mädchenfreundschaften permanent vergleichbar. Dies war der entscheidende Auslöser für die sprunghaft zunehmende Emotionalisierung im Beziehungshandeln zwischen besten Freundinnen.

Das Prinzip der sozialen Medien lässt sich stets auf die beiden Funktionen Inszenieren und Kommunizieren zurückführen. Neben den klassischen Steckbriefangaben sind meist ein Fotoalbum, eine Liste mit allen vernetzten Freunden sowie eine frei gestaltbare Fläche zum Bloggen für Bilder, Sprüche oder Links zu YouTube vorhanden. Die komplette Nutzeroberfläche setzt sich dann beispielsweise aus dem Profil, Fotoalbum, Gästebuch und Blog zusammen. In älteren Onlinenetzwerken wurde mittels privater Nachrichten kommuniziert, die mit E-Mails vergleichbar waren. Facebook hat eine Chatfunktion und ermöglicht es den Nutzern, gepostete Fotos direkt zu kommentieren und Freunde darauf zu verlinken.

In der Zeit vor Facebook war das Gästebuch vor allem unter Mädchen die beliebteste Funktion, da die öffentliche Selbstdarstellung im Wesentlichen hier stattfand. Die selbstgeschriebenen Einträge in den Gästebüchern der Freunde erzielten eine hohe Aufmerksamkeit, und die Antworten füllten das eigene Gästebuch und erhöhten das Ansehen in der Klasse.

Es war spannend, durch die Profile und Gästebücher der Mitschüler zu klicken und herauszufinden, wer dort lange Einträge oder nur kurze Grüße hinterlässt. Viele Mädchenfreundschaften wurden mit Sprüchen und Bildern regelrecht zelebriert. Schon auf den ersten Blick war klar, dass es sich etwa bei *LiinaLaiinx3* um eine der besten Freundinnen, wenn nicht um die allerbeste Freundin der Gästebuchinhaberin *SweeT KiiSseS* handeln muss, da ihre Einträge lang und zahlreich sind. So schrieb *LiinaLaiinx3* in einem Eintrag hochgradig emotional und zum Mitlesen für die ganze Clique *ich werde um dich kämpfen. ich würde für dich sterben.*

Zwölf- bis 16-jährige Mädchen bildeten die besonders aktive Nutzergruppe, in der sich die wiederkehrenden Muster einer narzisstisch anmutenden Selbstdarstellung als *wunderhübsches* Mädchen und einer als Liebesbeziehung stilisierten Mädchenfreundschaft beobachten ließen. Der Beginn des Kults *Schulmädchen mit bester Freundin* ist auf die Zeit zwischen den Jahren 2005 und 2007 zu datieren, als sich immer mehr Schüler einen Account in dem Onlinenetzwerk einrichteten, das an ihrer Schule gerade populär wurde. Ausschlaggebend für die öffentliche Vergleichbarkeit und die Emotionalisierung von Mädchenfreundschaften war die virtuelle Anwesenheit des schulischen Umfelds.

Erst als sämtliche Freunde und Klassenkameraden regelmäßig online waren, wurde ein öffentlicher Eintrag nicht
nur von der Freundin und vielleicht noch zufällig von ein
oder zwei anderen unbekannten Nutzern gelesen. Als dann
Schüler scharenweise ihren Onlineaccount erstellten und
sich innerhalb ihrer Klassenstrukturen vernetzen, konnte
die sprunghafte Zunahme langer Einträge und emotionaler
Inhalte sowie der Wandel vom zögerlichen *lg* oder *hdl* zum
ausgeschriebenen *ich liebe dich* beobachtet werden.

Da man auf den meisten Plattformen angeben konnte, in
welchem Verhältnis man zu anderen Nutzern stand, markierten beste Freundinnen ihren Beziehungsstatus als miteinander verheiratet und führten ihre übrigen Freundinnen
in den Freundeslisten als Schwestern. Sie küssten sich auf
Profilfotos und nannten sich in den Anreden ihrer Einträge
Schatz, Maus, Süße und *Engel* oder entsprechend ihrer Markierung *Schwestie, Ehefrau* und *Seelenverwandte*.

Zu den Profilangaben gehörte auf der Nutzeroberfläche
mancher Seiten auch das Angabefeld „Beruf". Einige Mädchen umschrieben ihre Rolle als Mädchen, Schülerin und
Freundin kreativ:

daddys mädchen · schulbaankwärmeriin · Aller Bestee
Freeundin seein · Hand In Hand mit ihr · abff seein ·
Sis-Abf-Ehefrau · rsa 7c · Liindaas Eheefrauu ;) & Schüle-
rin · schüleriin · schulmÄdchen · Schulmädcheen

Die Selbstzuschreibung *Schulmädchen* skizziert ein Selbstbild, hinter dem ein Lebensgefühl zwischen „ganz lieb und

unschuldig" und erotischem Spiel steht, so kommentiert eine 15-Jährige das Foto mit ihrer Freundin in deren Gästebuch mit: *ach wir können ja so süß sein wenn wir wollen so ganz lieb und unschuldig.. und dann kommen unsere hörner zum vorschein .. ne aber die sin echt süß (:.*

Schüchterner Flirt und süße Unschuld in koketter Personalunion sind charakteristisch für die Selfies der Mädchen. Mimisch überwiegt das niedliche Kindchenschema mit großen Kulleraugen, Stupsnase und Schmollmündchen. Das scheinbar zufällig mit aufs Bild geratene Dekolleté polarisiert die Bildkomposition. Wie viel Poserausschnitt man gerade so noch zeigen kann, ohne peinlich zu wirken, wird fotografisch genau austariert. So beschwert sich ein Mädchen im Gästebuch seiner Freundin, dass man bei ihr auf einem Foto *voll die titten* sieht. Zu einem anderen Foto schreibt sie: *da seh ich soo derbe fett aus maan.! :// *schniief. XD.* Und zu einem weiteren: *da schau icch voll doof.! soo zicckiq und soo^^.* Aber zum Glück sind unter den vielen Bildern doch noch *voll die süßen dabei*, die beiden Mädchen gefallen. Das Niedliche und Naive, das nur scheinbar Unschuldige, das Flirtende und das zaghaft Erotische schwingt in dem Begriff *Schulmädchen* mit.

Nicht nur auf den Profilbildern ist ein Schema zu erkennen, auch die schriftlichen Liebesbotschaften an die beste Freundin klingen trotz beschwörender Wortwahl verblüffend ähnlich. In kurzer Zeit ist eine überschwängliche Art, Gefühle für eine Freundin zu formulieren, zur Konvention geworden. Acht Gästebuch- bzw. Pinnwandeinträge aus unterschiedlichen Regionen Deutschlands sollen dies verdeutlichen:

Michelle ♥ :* Du bist ein Wundervoller Mensch. Mit dir kann man über alles reden, und immer Spaß haben. Wir müssen einfach immer lachen ♥ Und Weizenfeld war beschtee haha <'3 Ich bin so frooh dich kennen geleernt zu haben. Ohne dich - kein mich. Wir zusammen gegen den Rest den Welt. Duu bist soo süüüzz haha. Beste Eheefrau ♥	süße <3 jeder tag in der schule war so toll mit dir....i sog ja nur letzte reihe rockt. doch dann warma nimma zammad in da letzten reih und scho wars auf oamoi anders. maus ich vermiss dich so. 3 wocha stengan mir jetzt bevor. koana is so wirklich do xD aussa vllt i hoff doch schwar dass du amoi do bist :D weil dann kanntma uns doch vllt wieda so seng und dann ka...xD wieda amoi so richitg obspacken süße ich liebe dich so seah iiCH DEiiNS DU MEiiNS WiiR EiiNS ABFFL <33
Böblingen im Jahr 2010, aus KWICK! Alter: circa 12 Jahre	Rosenheim im Jahr 2009, aus lokalisten Alter: circa 14 Jahre

bäärliie....?? iich finds soo toll das wiir unns wiieder vertraqen haben... iich wiilll diich nämliich niie mehr verliieren duu biist miir so unendliich wiichtiiq und iich danke diir das iima füür miich da biist... iich hoffe das wiir uuns niie mehr soo stark streiiten... denn iich brauuche diich... iich biin iima füür diich da wennd uu miich brauuchst soo wiie duu füür miich.. danqqe das iich miit diir reden kann und das duu iima an meiiner seiite biist.... iich liebe diich meiine qroßße liiebliinqs siis... keiin taq mehr oohne diich... danqqe füür alles... iich liieBe diich soo arq niie mehr oohne diich.... danqee schöön... abs´s füür immma niie mehr eiin taq oohne diich...	babiih <3 iia du hast reecht. es iis so wundervoll dass wiia uuns soo liieben <3 iia..bald holeen wiia diich!! dann qeez ab!! dann qehma miit de hundee..&& dann miittaqessen.. && daann siinqstaar ;D so qaiiL meiine hüpsche maUssiii <3 iich liiebe diich so derbst maan! uns kann echt KEINER trennen!! weder uLii noch jasSii-asSii xD buSsii kuSsii schatzii <33
Augsburg im Jahr 2009, aus lokalisten Alter: circa 14 Jahre	Freising im Jahr 2008, aus fs-location Alter: circa 15 Jahre

Schaatz.' enqeeL ? daas wiird alles wieeder.. duu weeiißt wenn waas iisd kannsd duu immer zuu miir kommen ..Ob streeid odeer niichd ich hoeer dich immer zu daas weeißt du . !! haha wir 2 siind auch bLoedee ey . wiir koennen nicht miit &' auch niicht Ohnee einander.. nujaa woLLd nuur saaqen daas iich diich Liebe . ' Ohnee dich ? nööp..will ich nicht . !	es gibt diesen einen Traum nur diesen einen aber es ist nur ein Traum...ein Wunsch...ein Hoffen...ein Gedanke und nur du kannst diesen Traum...Wunsch...dieses Hoffen....den Gedanken erfüllen bitte, erfülle mir es...den Traum...Wunsch...dieses Hoffen...den Gedanken bitte, lass mich bei dir sein bis ans Ende der Zeit 😊
Salzgitter im Jahr 2009, aus WIE-ICH Alter: circa 14 Jahre	Freising im Jahr 2010, aus fs-location Alter: circa 13 Jahre

uullleeee shadzz (justin bieber freak) mit dir eisi is immer voll geil mit dir drausen gammeln auch wir müssen unbedingt ma mehr zam machen shadzz ich will dich nie verlieren ookayy nie mehr ohne dich ich liep dich 😊	Du BistAuch Mein Ein Und Allez.!! <3 Ich Liebe Dich.! x3 Du Bist Mir Soo. Wichtig.. Ein Leben Jetzt Noch Ohne Dich.?! Geht Nich .. Liebe Dich Soooo. Seehr.!
Stockstadt am Main im Jahr 2010, aus WIE-ICH Alter: circa 15 Jahre	Hohen Neuendorf im Jahr 2010, aus Jappy Alter: circa 15 Jahre

3
Von Daddys PC zum eigenen Smartphone – Social Media im Wandel

Was sich zu Beginn des neuen Jahrtausends in vielen deutschen Städten ereignete, lässt sich mit der verfilmten Facebook-Geschichte (*The Social Network*) vergleichen. Die ersten Online-Communities waren von Studenten betriebene Seiten zum Chatten, auf denen Partys aus der Region angekündigt wurden. Die Initiatoren solcher Seiten bemerkten, dass besonders die kommunikativen Funktionen sehr beliebt waren. Sie vollzogen in den Jahren 2002 bis 2004 den Schritt zum Onlinenetzwerk mit privaten Nutzeroberflächen und investierten in leistungsstarke Server, als die Internetnutzung durch schnellere und kostengünstigere Anbindungen ohnehin stark im Umbruch war.

2005 ging YouTube online und im Zeitraum 2006 bis 2007 gewannen Seiten wie Jappy, knuddels und lokalisten stark an Nutzern hinzu, denn die inzwischen mit internettauglichen Endgeräten gut versorgte Schülergeneration drängte in die Netzwelt. Die Gründer von studiVZ brachten in einer Hauruckaktion ihre Schülerversion heraus, und Medienkonzerne übernahmen für viele Millionen Euro die schülernahen Onlinenetzwerke. Längst waren auch die Schüler der Mittel- und Unterstufe mit einem eigenen Onlineprofil präsent, und die dramatische Beziehung zur besten Freundin wurde zum Thema Nummer 1 in immer länger werdenden Gästebucheinträgen.

Die Jahre 2007 und 2008, als die Nutzerzahlen so hoch wurden, dass sie die schulische Lebenswirklichkeiten nahezu lückenlos online abbildeten, können als die aufregendste Phase der deutschen Netzwerkseiten gelten. Lehrer bemerkten, dass da im Internet etwas vor sich ging, das ihre Schüler in Atem hielt und ein Dauergesprächsthema war. Mädchen im Teenageralter bedienten den Windows Live Movie Maker souverän und kreierten musikalisch untermalte Fotoshows als YouTube-Video über ihre Freundschaft.

Im Jahr 2009 kehrte auf höchstem Niveau etwas Ruhe ein. Die öffentliche Beziehungspflege und die tägliche Verwobenheit von on- und offline war inzwischen soziale Realität in den Schulklassen. Der Wechsel zu Facebook ab 2010 bedeutete allerdings eine Zäsur, und die Möglichkeit, mit dem Smartphone Fotos auch gleich auf das Profil hochladen zu können, baute restliche Hemmungen ab.

Von den ersten neugierigen Grüßen, als noch alles neu war, über die aufgeregte Coolness, als plötzlich die ganze Schule online war, bis heute, da nun jede Fünftklässlerin routiniert über den Touchscreen ihres Smartphones wischt, verging ein gutes Jahrzehnt. Am besten lässt sich die rasante Gewöhnung an soziale Medien und die Optimierung in der Selbstdarstellung an Beispielen verdeutlichen.

Auf fs-location waren 2013 noch alte Einträge von Teeniemädchen aus dem Jahr 2003 erhalten. Blätterte ich die Seiten im Gästebuch von ungefähr 23-jährigen Frauen zehn Jahre zurück, standen dort noch die Grüße ihrer Freundinnen, die sie ihnen geschrieben hatten, als sie 13 Jahre alt waren. Auf diese Weise lässt sich die Veränderung im Umgang mit den sozialen Medien in Jahresschritten und von Generation zu Generation nachvollziehen.

3.1 Zurück ins Jahr 2003

Die frühe Gästebuchkommunikation zwischen Mädchen entsprach knappen Mitteilungen und Grüßen im Stil einer privaten SMS. Es wurden noch kaum Smileys und Herzchen getippt (< 3 xD ^^ ;P) und der emotionale Aspekt beschränkte sich auf Verabschiedungsformeln wie *bussi, hdl* oder *lg.* Einige Einträge hatten ausschließlich informativen Gehalt ohne Anrede und Verabschiedung:

> scho!! ich würd sagen wir treffen uns um 8 oder 5 vor in deiner Einfahrt!

Noch war der Unterschied zwischen privater Nachricht und Gästebucheintrag nicht relevant, da kaum jemand online war. Man muss sich hier in die Lage einer 13-Jährigen versetzen, die mit ihrer Schulfreundin ausgemacht hat, sich auf fs-location anzumelden. Nun sitzt sie vor dem Rechner im Arbeitszimmer ihres Vaters, den sie erst lange überzeugen musste. Ein eigenes Foto durfte sie nicht hochladen. Stattdessen nimmt sie ein Bild ihrer Lieblingssängerin Avril Lavigne, das sie im Internet entdeckt hat. Nun überlegt sie, was sie ihrer Freundin ins Gästebuch schreiben soll. Naheliegend ist so etwas: *Hallo, wie geht's? Bussal, Marie.*
　　Doch nachdem die dritte oder vierte Freundin *hi, wie geht's?* schreibt, kommt schon etwas Überdruss auf, und ein Mädchen antwortet:

hi standardantwort: gut und dir?

Wo wenige Jahre später große Gefühle, eine Wir-Identität und Freundschaften inszeniert werden, ging es 2003 noch um Schule:

- Meinst wir schreiben morgen in erdkunde ne ex?? IN wirtschft ham wir nix aufgeschrieben oder
- schreibts ihr am freitag ned a a schulaufgabe? mir schon ----> englisch!!!
- he du huhn du!!!! fahrst du übermorgen mim bus????
- hey wie gehts? meinst auch dass wir heut ne Physik Ex schreiben? grüßle jasmin

Die vereinzelte öffentliche Onlinekommunikation konnte noch keinen sozialen Raum schaffen, und der Laptop im Kinderzimmer war die Ausnahme. Der Computerraum in der Schule war dafür ein frequentierter Ort, und groß war die Freude, als der heimische ISDN-Anschluss einen Besuch auf fs-location ermöglichte:

Ich komm jetzt ins fsl bei uns zu hause rein!!! geil oder?????????ßß

Die Zeit im Internet war reglementiert:

Hast du beim Login auch nur 15 min. angegeben??? Mich schmeißen die dann immer nach 15min. raus. habe aber jetzt 30min. angegeben!!

Die Nutzer von fs-location waren noch ein überschaubarer Zirkel:

* Kennst du die Gianna aus dem Kindergarten noch? Die ist auch bei fsl!
* Mei des is aber nett das du mi gfundn host.
* hi kristin!! woher kennstn du die clara?? bis dann, bussi kathi
* HEy Kristin, hab mich doch angemeldet, wenn du des siehst ruf mich an, ja??? Hdl Bussal Susi
* hallo carina!! ich wusste gar ned, dass du in fs-l bist.
* Wollt mal kurz bei dir reinschauen. (nimm dich in die Freundeliste auf)

Die angeschriebene Freundin sollte anrufen, wenn sie den Eintrag entdeckt hatte, da der virtuelle Raum noch als etwas sonderbar Eigenes betrachtet wurde und nicht zur verlässlichen Kommunikation zählte. Wie in einem anonymen Chatroom aus den 90ern war es verbreitet, auch unbekannten Nutzern einen Gruß im Gästebuch zu hinterlassen:

* ? hallo…kenn ich dich irgendwoher, oder hast mich jetzt einfach so angeschrieben??
* hey!! wie gehts? ich kenn dich zwar nicht aber ist ja egal!!

Unbekümmert wurde in Gästebücher geschrieben, was theoretisch von allen Nutzern gelesen werden konnte:

Ach ja? Und für mich schämst du dich also?????? Wir sind freunde! und unser shoppingfoto hättest du ruhig reintun können! Bloss weil du dünner bist als ich und alle geilen typen (Niedermeier, Gruber, kini, waldmensch…) auf dich stehen!!!!!

3.2 Weiter ins Jahr 2004

Das Gästebuch wurde nach wie vor für kurze, einzeilige Grüße verwendet:

* Hi du mir gehts gut und dir?
* hey ☺ gut....dir??? ☺
* wollt dir einfach mal wieder liebe grüße da lassen 😁 bussi

Der Austausch von Informationen blieb die zweite Schreibabsicht:

> servus lelal
> freu mich dass du lenger darfst 😁 genaueres sag ich dir dan
> am freitag nachmittag (hab so gegen vier schule aus)
> ich ruf dich an ich werd warscheinlich plato stifel nen rock
> und ein schwarzes tischerd anzihn aber ich weiß noch nicht
> genau vieleich überleg ichs mir noch anders aber wie gesagt
> ich ruf dich noch an
> hab dich lieb bis freitag

Langsam wurden die Einträge jedoch länger, und ein mündlicher Tonfall schlich sich in die Schriftsprache, wenn über den Schulvormittag geplaudert bzw. geschrieben wurde (..., *ja?* · *cool, ge.* · *ach ja, ...* · *und so* · *naja also* · *hm* · *nee* · *voll schade* · *dass es halt scheiße is und so* · *ach naja!* *des fand ich irgendwie doof!!*). Allerdings hieß es am Ende immer noch *bussi* und *hdl,* und das Bewusstsein für die Öffentlichkeit fehlte noch, weil die Jahrgangsstufe kaum online war. So begann ein Eintrag mit *hi meine chatfreundin!! na wie gehts dir?? wie wars denn noch mit da theresa??.* Es entsteht der Eindruck, dass sich die Freundschaft auf das Chatten beschränkte (*chatfreundin*), dass die Mädchen sich länger nicht gesprochen haben (*na wie gehts dir??*) und dass die Angeschriebene vor allem mit einer *theresa* befreundet war. Wenige Jahre später inszenieren Mädchen intuitiv enge Beziehungen und Besitzansprüche.

Noch relativ unbedarft schrieben 14-jährige Freundinnen von ihren gemeinsamen Reitausflügen, da die bewertende Präsenz der Jahrgangsstufe fehlte. Einzig zaghafte Phrasen wie *ich miss dich schon* oder der Gruß *bussi hdgggggggggdl* lassen darauf schließen, dass sich das Niveau der Gefühlskommunikation langsam steigerte. Die Abkürzungen *hdl* und *hdgdl* wurden öfter ausgeschrieben:

- hab dich mega fest lieb!!
- hab dich lieb
- Hab dich ganz ganz doll lieb!!!!!!!!

Doch die vielen Fragen *na wie geht's dir???, was machst du so???, was macht die schule??* oder *was machst du in den Ferien?* sind das Gegenteil von Vertrautheit und gemeinsamen Erlebnissen und „Lachflashs". Vom emotionalen Beziehungsverhalten noch keine Spur. Die Internetzugangsmöglichkeiten hatten sich kaum verbessert, das Netzwerk wurde noch ausprobiert, und erst nach und nach wurden Freundinnen aus der Schule *gefunden*, was nicht so einfach war, da ein echtes Foto noch nicht üblich war:

- is die Bettina auch im fsl??? du frage wer ist den die Zichenmausi????
- hallo gehst du im meine klasse?

* Hey süße !! wie gehst da so ?? Weißt schon wer ich bin oder ?? bussis angi vom camerloher !! 6c
* hey melli ☺ *gefunden* 😁 na wie gehts dir so ?? was machst so den lieben langen tag ??
* Hi Melli-Maus bin jetzt auch endlich angemeldet Also mail ma zurück
* Hi Melli! Bin jetzt auch bei fsl, aba hab mein Profil noch nicht gemacht! Noch'n schönen Sonntag, hdl Mona
* Hi chrissy welche chrissy bist du eigentlich kenn ich dich servus Jasi

In Haushalten mit nur einem stationären PC waren die Onlinezeiten der Töchter begrenzt:

* Kann deine Sista online kommen, wenn du fertig bist?
* kommste als noch on??? ey, mich gibts a noch!! wollst net a mal anrufe am we??? muss dir dann a noch viel erzählen…. habdganzdlieb miss u

Auch im Jahr 2004 hatte fs-location unter Schülern noch nicht den Status einer Bühne erreicht, weshalb das Gästebuch fast noch wie eine Alternative zur privaten Nachricht erscheint. Ansatzweise verbreiteten sich die ersten Grußbildchen für blogs und Gästebücher mit Schriftzügen, wie *hdgdl, hab dich soo lieb, I miss you* oder *I love you.*

hi meine maus!! Lass dir mal n lieben gruß da! hast ja geile pics!! =) vermiss dich!!! luv ya!

Möglicherweise wurde das dem amerikanischen Slang entnommene *luv ya* oder ein zögerliches *miss u* von den ersten GB-Pics (Gästebuch-Pictures) beeinflusst.

3.3 Der Wandel im Jahr 2005

Das nüchterne Fragen nach Klassenarbeiten und Schulno-
ten hörte auf, deutlich mehr Bilder wurden verlinkt, und
die Grüße bekamen einen emotionaleren Klang. Dennoch
fielen die Einträge des Jahres 2005 uneinheitlich aus. Es
verbreiteten sich die ersten Muster der Schulmädchenspra-
che:

hey schatz,
ich wünsch dir eine schöne woche…werd dich sehr vermissen…
aber ich ruf dich mal an, versprochen und ich bring dir
auch einen jungen mit
lieb dich über alles süße
dicken kuss

~~~ Baby du bist mir auch voll viel wert !!!!
Ich will dich auch nie wieder verlieren !!!!
Ich vermisse dich !!!
Ich lieb dich !!! ~~~

Doch andere Mädchencliquen waren wohl noch unbeeinflusst:

hey mare!!!
na wi egehts dir so?
hast scho fleißig für bio gelent??*lachz*
busaal vane #

Vereinzelt tauchten die wichtigsten Beziehungsphrasen auf. Im Folgenden handelt es sich um Auszüge aus Einträgen, die bereits etwas länger waren:

* bin so froh das ich dich hab…
* wüsste nicht was ich ohne dich machen würd..
* eigentlich wollt ich dir nur mal sagen wie unendlich froh ich bin das ich DICH hab!
* du bist echt was ganz ganz besondres mein kleiner engel!!
* aufjedenfall will ich die NiE NiE NiE verlieren!!
* du bist wie ne schwester für mich..
* ich bin wirklich immer immer für dich da, egal was los ist!

Die Aufregung, die sich bald in den Jahrgangsstufen 7, 8 und 9 breitmachte, schlug sich schon kreativ im Schriftbild nieder. Da nun spürbar mehr Gleichaltrige online waren, entstand so mancher Trend:

* HaB DiCH SoooOo…OOo lieb!!
* HI süße..... ich hab dich auch wirklich sooooOOOO-ooooOOOO lieb.....

Vor allem fallen einige englische Phrasen auf:

* LoV yA sO mUch forever
* BeSt FrIeNdS FoReVeR AnD EvEr BaBe!!!
* i love u!!!!!FOREVER! best friends 4 ever!!!!!!!!!!!
* ....never wanna lose ya....!!!
* BuSsi, neva wanna lose u!!!

Vermutlich haben die sogenannten GB-Pics zur Verbreitung von Trends beigetragen (vgl. Abb. 3.1). Der verschrift-

Abb. 3.1 Beispiele für Motive und Sprüche der sogenannten GB-Pics (Gästebuchpictures). (© Balazs Kovacs/iStock, © Alina Solovyova-Vincent/iStock, © fotomek/fotolia, © Sergey Khamidulin/fotolia, © anna42f/fotolia)

lichte amerikanische Slang wurde jedenfalls nicht aus dem Schulbuch übernommen. Musiksender wie MTV und amerikanische Fernsehserien spielten auch eine Rolle, waren aber nicht für das plötzliche Erscheinen der englischen Phrasen verantwortlich. Liedtexte, Musikvideos und TV-Serien gab es davor schon. Ein direkter Sprachkontakt in den US-amerikanischen Sprachraum via MySpace, der damals größten Plattform für Selbstinszenierungen, ist ebenso unwahrscheinlich. Vierzehnjährige Mädchen aus Freising waren 2005 bei fs-location, allenfalls noch bei lokalisten aber nicht bei MySpace angemeldet.

Zentraler Verbreitungsmechanismus für Sprache war in den Social-Media-Formaten die Verbindung aus Bild und Text, die bei affinen Motiven auch regionale Grenzen überwinden konnte. Auf Google existiert im Jahr 2005 ein Index von 1.187.630.000 Bildern. Wo genau die Best-friends-forever-Welle, die die Schulmädchen entscheidend beeinflusste, jedoch ihren Ursprung hat, kann nicht einwandfrei geklärt werden; 2005 kann mit verbesserten DSL- und Flatrateangeboten allerdings als das Jahr der Veränderung gelten. Neben YouTube ging etwa auch die im süddeutschen Raum beliebte Seite lokalisten online, und Netzwerke wie KWICK! und Jappy verzeichneten einen deutlichen Zustrom an jungen Nutzern.

Trotz der markanten Veränderung im Schreibverhalten und der medialen und technischen Entwicklung reichte die Onlinekommunikation mit der besten Freundin noch nicht an den späteren Zeitumfang heran. Der fs-location-Account war noch kein Standard:

* Hey Dani!! Wie geht's? Wenn du dich beeilst dann bist du mein 100ster Besucher auf meiner Seite! Also -> Beeilung!! HDGGGDL!
* thx, du warst mein 800. besucher!
* ich war dein 500. !!!!!!!!!!!!!! ☺ bussal
* hallo, marina!!! obwohl du grad neba mir sitzt schreib ich dir trotzdem mal in dein gb… und jetzt logg ich mich

mal aus, damit du deinen neuen eintrag gleich lesen
kannst…. ☺ bussi hdgggdl!! greetz

Vier Jahre später hatten die fs-location-Profile dieser Altersgruppe meist über 10.000 Aufrufe, ohne dass dies noch
kommentiert worden wäre.

3.4 Erste Trends im Jahr 2006

Der emotionale Geist war aus der Flasche. Auch auf Wortebene wurde zunehmend variiert. Manche Spielerei sollte
wohl einfach nur cool aussehen (*süzze* statt *Süße*), insgesamt entstand aber ein mädchenhaft-niedlicher Tonfall
(*main mia imma mea* statt *mein mir immer mehr*). Das Spiel
mit den hellen Vokalen und der Verzicht auf harte Konso-
nanten sah für befragte Mädchen „sympathisch" aus, erinnert aber deutlich an eine kindliche Sprechweise (*bebii* statt
Baby). Das sprachliche Kindchenschema entwickelte sich
gleichzeitig mit dem Dackelblick und der süßen Schnute
auf den online gezeigten Fotos. Lieber eine Spur mehr *süß*
als *sexy* lautete die Devise in den zunehmend vernetzten
Mädchencliquen.

In den Jahren 2005 und 2006 wimmelte es in den Gästebüchern der Mädchen von verlinkten Bildern, auf denen
lächelnde Babygesichter und Hab-dich-sooo-lieb-Sprüche
zu sehen waren oder *sexy* Posen von weiblichen Stars wie
Rihanna mit Schriftzügen wie *Bist so bombee Schatz*. Romantische Anklänge (*ich bin für dich da/du kannst immer
zu mir kommen*), Signale für Mündlichkeit (*und so*), englische Versatzstücke (*friends forever*) und exaltierte Forma-

tierungen verfestigten sich als schriftsprachliche Muster der Schulmädchen:

* mAin mAuSi, bIsT miA so wIchTig geWoRdeN.... kAnnSt eCht imMa zU miA koMmen [...] wIlL diCh niE meA VeRliEren
* mit den andan und soo.. [...] okEe.. wär bestimmt enZ luStiG und so
* hab dich soow.. damn lüb will dich never losen

Das US-Englisch ist in den späteren Einträgen kaum mehr präsent, weil das so kommunizierte Gefühl nicht mehr ernst genommen wurde. Wenn es um die Verbundenheit bester Freundinnen geht, ist die Coolness amerikanischen Slangs fehl am Platz.

Die Verwendung der emotionalen Phrasen nahm rasch zu, doch das Potenzial zur Profilierung kam noch nicht vollständig zum Tragen. Erst mit der Onlinepräsenz der gesamten Klassenstufe wurde das Konzept „beste Freundin" wirklich notwendig, sodass eine stilistische Entwicklung vom subjektiven *Ich* zum intersubjektiven *Wir* stattfand. Ungefähr ab 2008 manifestierten sich entsprechende Phrasen wie etwa *was wir schon alles durchgemacht/erlebt haben.* Erste Tendenzen in diese Richtung traten 2006 auf, so schrieb ein 13-jähriges Mädchen:

selbst die schweren zeiten haben wir gemeistert.. was meinst du wie viel spaß wir dann in den guten haben ?? ^^ danke für alles.. liebe dich <3

Im Jahr 2006 war indes der Status quo der Schulmädcheninszenierung noch nicht flächendeckend erreicht. Der
neue, ungewohnte Stil sorgte sogar für Irritationen innerhalb der Altersgruppe. Liebesbotschaften, die zwei Jahre
später bereits verinnerlichte Größen im Sozialverhalten
waren, wurden in den beiden folgenden Einträgen noch infrage gestellt.

Im Empfinden der 15-jährigen *metal-girl* spiegelt sich
der Wandel im Schreibverhalten wider:

> ja also so richtig weiß ich auch ned was ich schreiben
> soll.... 😁 aba is ja auch egal ich schreib einfach das ich
> dich sooooooo fest lieb und das du mir total wichtig bist…
> auch wenns zum hunderttausendsten mal is..

Metal-girl bringt das Wesen der Gästebuchkommunikation
auf den Punkt. Der standardisierte Austausch von Gefühlen
ist bereits Konvention, aber beide Freundinnen haben noch
das Bedürfnis, konkrete Inhalte anbringen zu müssen (*so
richtig weiß ich* auch *ned was ich schreiben soll*). Die Feststellung, dass es eigentlich nichts Neues zu erzählen gibt,
wird mit einem lachenden Smiley quittiert. Doch *metal-girl*
bemerkt selbst, dass der informative Gehalt als Schreiban-
lass zu Gunsten standardisierter Liebesgrüße obsolet wird:
*aba is ja auch egal ich schreib einfach das ich dich sooooooo
fest lieb und das du mir total wichtig bist…* Der häufige Gebrauch und die ähnliche Form solcher Huldigungen – auch
in den eigenen Einträgen – fallen ihr auf: *auch wenns zum
hunderttausendsten mal is.* Aber *metal-girl* macht trotzdem
mit. Hier findet eine Sozialisation statt, die aus dem übernommenen Stil eine Gewohnheit macht.

Direkt infrage gestellt, aber auch bewusst adaptiert werden die neuen emotionalen Muster im folgenden Gästebucheintrag (*gb*):

> Ich weiß ich schreibt dir nicht oft ein gb,
> und dann auch nicht so besondere!
> Aber ist es wirklich wichtig wie oft und wie schöne gbs man schreibt??
> ich denke nicht!
> Wichtig ist mir nur, dass du weißt wie wichtig du mir bist!
> Also ganz klar zwar klein einfach nur hin geschrieben, aber SHER ernst gemeint:
> HEY MA SCHATZI!!!!! BIST MA SOOOO WICHTIG!
> ICH WÜSSTE GAR NICHT WAS ICH OHNE DIC MACHEN SOLL!!
> NEVER WANNA LOSE YA!!!!

Die 13-jährige *juli-sweet* zweifelt, wie *ernst gemeint* die so frequent und im Wortlaut so ähnlich mitgeteilten Gefühle überhaupt sein können. Aber trotz ihrer Vorbehalte scheint die Profilierung einer Schulmädchenidentität notwendig zu werden. Ihre ambivalente Einstellung und der Anpassungsdruck zeigen sich in der überdeutlichen Markierung des Übergangs vom eigenen Text zu den übernommenen Beziehungsphrasen. Neben dem Wechsel zu Großbuchstaben nach dem Doppelpunkt fällt besonders die Anrede mitten im Text auf, die die eigentliche Grenze zieht. Die eigenen Gedanken wirken wie eine Einleitung, dann kommt das Zitat. Der Sinn dieser Zweiteilung ist vermutlich, die Ernsthaftigkeit der Phrasen zu markieren, aber umso deutlicher wird, dass *juli-sweet* die Phrasen bewusst übernommen hat. Trotz gegenteiliger Versicherung (*aber SHER ernst gemeint*)

drückt sie eine innere Distanz zu dieser Art der Gefühlskommunikation aus. Indessen ist ihre Bereitschaft, Gefühle
mit Beziehungsphrasen öffentlich zu formulieren, bereits
im eigenen Schreibverhalten verankert, wenn sie vor dem
adaptierten Block noch hinzufügt: *Wichtig ist mir nur, dass
du weißt wie wichtig du mir bist!*

3.5 Aufregung in den Jahren 2007 und 2008

Das lose Netz verdichtete sich zu einem sozialen Raum
der öffentlichen Selbstdarstellung. Anstatt Grüße durch
den virtuellen Äther zu schicken (*Hallo, wie geht's? Hast du
die Hausi schon?*), zelebrierten Mädchen nun sich und ihre
Freundschaften vom eigenen Laptop aus. Die Verinner-
lichung einer Wir-Identität mit der allerbesten Freundin
führte zu längeren Einträgen und einer Veränderung im Beziehungsverhalten insgesamt. Lehrer bemerkten die Emotionalisierung in den Mädchencliquen und Netzwerkbe-
treiber deren kommerzielles Potenzial. Die Onlineprojekte
aus Studententagen stellten sich auf die Teenager ein und
gestalteten die Interaktion mit dem Freundeskreis über-
sichtlicher. Das beste Beispiel hierfür ist die schnelle Entwicklung von schülerVZ, das im Februar 2007 online ging.
In seiner Konzeption war es ausschließlich auf Schüler der
Unter- und Mittelstufe und die Vernetzung in ihrer schulischen Bezugsgruppe zugeschnitten. SchülerVZ wurde binnen eines Jahres zum bekanntesten Social-Media-Format.

Im Nachhinein waren die Jahre 2007 und 2008 die aufregendste Phase, da nun erstmals die sozialen Strukturen innerhalb einer Jahrgangsstufe online abgebildet waren. Vom Profilfoto bis zu den Beziehungsphrasen etablierten sich die Schablonen des Typus Schulmädchen mit allerbester Freundin. Seine Inszenierung wurde zum Kult.

Mit Blick auf die Hochphase im Jahr 2009 fielen im Jahr 2007 gestalterische Experimente auf Wortebene noch extrovertierter aus, als in den späteren Einträgen. Übertriebene Spielerei, wie das Groß- und Kleinschreiben im Wort oder der süßliche Einsatz heller Vokale, galt nach einem kurzen, aber heftigen Trend in sämtlichen deutschen Netzwerken bald als kindischer Bitch-Style. Die 16-jährige *PerfeCtiion sTaiihLe* kündigt die manierierte Niedlichkeit wie in einer Regieanweisung an:

> Schatziiih ..<33
> *Babiistiimme* .. HallLuu bebii
> Hab diicH soo Liieb scHatzz biizt miir soo wiicHtiig ..wiilL diicH niie verLiieren jaa .. und deS weiiB iis beHiindert man scheiiß auf siie ..lÖöl wenn sie kommen wiiLl solL siie docH man… macht sie eh niicH ..uNd wenn wiirD siies schoon sehn ..!! Hab diicH soo Liieb scHatzziih ..freu miicH auf morgen wenn iicH komme ..lÖöl
> ..*peiinLiich man
> ☺☺☺
> iLuuuuuuuuuuusm ..& aaaaaa ..bfzZ

Als sich die Aufregung legte, waren Übertreibungen im Schriftbild bald verpönt. Spätestens gegen Ende des Jahres 2008 wurden große Gefühle in klaren Worten geschrieben und weniger verniedlicht. Die Anfang 2007 noch häufigen englischen Floskeln (*never wanna lose ya*) verschwanden und ein Repertoire an Beziehungsphrasen (*ich bin immer für dich da, ich bin so froh, dass ich dich habe*) avancierte zum inhaltlichen Gerüst der typischen Einträge. Damit bildete sich eine standardisierte Qualität im Beziehungshandeln, die kaum noch unterboten werden konnte, sondern im Gegenteil eine stetige Steigerung der emotionalen Gefühlskommunikation verlangte. Durch eindringliche Intensität wurde gegenüber der Freundin und mitlesenden Schulfreunden die Authentizität der inflationären Liebesbekundungen bestätigt (*ich liebe dich so sehr, dass ich es kaum noch in Worte fassen kann*).

ich sag auch Danke, war schön mit dir & müssen wir unbedingt wiederholen. Einfach reden^^ Du weißt garnicht wie sehr du mir ans Herz gewachsen bist meine Süße, ohne dich steht die Welt still ;] # Liebe dich

Mädchen, die diese Emotionalität verinnerlicht hatten, sagten sich vor der Schule nicht nur *hallo*. Lehrer bemerkten in dieser Zeit, dass Mädchen sich vermehrt in den Armen lagen, die eine der anderen auf dem Schoß saß, ein emotionales Begrüßungs- und Verabschiedungszeremoniell entstanden war, auf Zettelchen Herzchen und Hab-dich-lieb-Botschaften auftauchten und ein Aufmerksamkeit und Trost einforderndes Verhalten zunahm. Tatsächlich konnte ich mit einer Sammlung von Schülerzetteln die Emotionalisierung in den Onlinenetzwerken auch auf solchen Briefchen an die beste Freundin mitverfolgen.

Was 2005/2006 mit einer Handvoll Sprüchen wie *hab dich lieb, best friends 4ever* und *geb dich nie mehr her* begann, war im Laufe des Jahres 2008 bereits überholt. Seit die ganze Schule online ist, wurde aus den aufregend neuen Selbstdarstellungsmöglichkeiten eine ernste Angelegenheit. Die langen emotionalen Einträge waren Beziehungsarbeit – Freundschaften wurden gefestigt und nach außen verteidigt – und zugleich Identitätskonstruktion im Sinne des Konzepts „hübsches Mädchen mit allerbester Freundin".

Die meisten Mädchen hinterfragten nicht, warum man vor Kurzem noch *hi, wie geht's?* und *bussi,* aber nicht *ich liebe dich* schrieb. Neue Handlungs- und Sprachmuster wurden zu einer Konvention, über die sie schrittweise die Kontrolle verloren: Die Einträge sollten wunderschön, immer mehr und immer länger werden. Plötzlich waren überall romantische Fotos von hübschen Mädchen und besten Freundinnen. Erste Flatrates ermöglichten unzählige Stunden im Chat und am Telefon. Verschieden Faktoren spielten zusammen, sodass ein Sog in diesen Kult entstand, dem sich kaum ein Mädchen entziehen konnte.

Immer wieder lasen sich Einträge nun so, als hätte sich unter der oberflächlichen Inszenierung eine neue Gefühlslage entwickelt:

Engeel…!!
Ich liebe dich einfach nur über alles!!…du bist für mich wie ein baum, wie ein fels..immer kann ich zu dir kommen, immer hast du ein offenes ohr für mich…Du bist einer der ganz ganz wenigen menschen denen ich bedingungslos vertraue! da gibt es echt nur sehr ,sehr wenige und von diesen wenigen bist du an der spitze‖ x33 !nd ich will einfach

dass du weißt dass du auch immer zu mir kommen kannst
was immer auch immer los is…denn iwann hat jeder seine
probleme*roll^^*:…ich bin für immer und noch viel viel
länger für dich da! und wenn du iwann als oma zu mir
kommst und sagst du hast dein gebiss verloren-ich werde
dir meins geben!*komische vorstellung**hihi*
Ein leben ohne dich kann ich mir einfach nicht mehr vor-
stelln…es geht einfach nicht-nein keine chance! …x33…
ach mein schatz mein kleiner spastii ,mit dem ich jede pause aufs klo renn…zitat:das sind die schüler die in der pause
auf m klo rauchen!…*roll wir doch nicht! ^^ Mit dir hab
ich einfach jeden tag meinen spaß! jeden tag seh ich dich
und jeden tag freu ich mich wenn ich dich auf mich zu-
kommen seh! ich freu mich schon soo auf morgen!xD wir
einfach nur gaudii!!;D meine sissi ich liebe dich && FO-
REVE_!!

Die 14-jährige *twixX* reihte im März 2008 nicht einfach
nur gängige Versatzstücke aneinander, um die angeschriebene *sissi* als ihre Freundin zu markieren. Das Gerüst aus
Beziehungsphrasen (*ich bin immer für dich da, du kannst
immer zu mir kommen, wir können einfach über alles reden*)
war in Einträgen dieser Art lediglich Ansatzpunkt für eigene Variationen, die aus einem emotionalen Sprachduktus,
der schon zum gewohnten und alltäglichen Prozedere der
Gästebuchkommunikation gehörte, hervorstechen sollten.

Die Intensität des Geschriebenen erforderte reale Probleme, Sorgen und Ängste. Das in der öffentlichen Inszenierung erreichte Niveau an Vertrauen und Bindung verlangte eine regelmäßige Bestätigung, was aus manch einer
Mädchenfreundschaft eine dramatische Daily Soap mach-
te, nach dem Motto: „Wir schreiben nicht nur so, unsere

Freundschaft ist wirklich einzigartig!" Am verbreitetsten war bald die Beziehungsphrase *ich bin immer für dich da*, ein Angebot, das mit Bedeutung gefüllt werden wollte. Deutlich wird die Handlungsaufforderung in dem Eintrag von *twixX*: *denn iwann hat jeder seine probleme.*

Im Subtext der Einträge erschien nun öfter die Tendenz zur Vereinnahmung. Ein *ich liebe dich* fordert ein *ich liebe dich* als Antwort, und auch bei vielen anderen Phrasen *wie du kannst immer zu mir kommen* geht es um den Vorschuss einer emotionalen Leistung. In der Redewendung *jemanden ins Vertrauen ziehen* klingt die Absicht mit an, jemanden auf emotionaler Ebene an sich zu ziehen und zu binden. Gerade der öffentliche Rahmen im Gästebuch erzeugte da einen gewissen Zugzwang.

3.6 Emotionen auf höchstem Niveau im Jahr 2009 – ein ausführlicher Überblick

Das eigene Onlineprofil, der Kult um die *allerbeste Freundin* und der Gruß *ich liebe dich* am Ende eines Eintrags waren inzwischen unhinterfragte Normalität. Ein langer Text im Gästebuch war zugleich Geste und Symbol der Freundschaft, für alle Nutzer lesbar und präsent. (In diesem Kapitel werden nur Passagen aus den Einträgen zitiert.) Der Beginn des folgenden, knapp 3000 Wörter umfassenden Eintrags der 14-jährigen *BlAcKlAdY* ist charakteristisch für das *gb machen* (einen Eintrag schreiben) in der Zeit von 2008 bis 2010, bevor Facebook auf den Plan trat:

Ehefrauu <3
wollt dir noch nen lanqen GB machen, weil mir totaL lan-
qweiliq ist .. und ich qrad bock dazu hab … der andere des
war ja nur so ein spruch !! oh man ich kann dir in worten
qar nicht saqen wiie sehr ich dich liebe … […]

*Ich mach dir mal wieder einen langen gb, weil mir total lang-
weilig ist* war ein typischer Einstieg, wenn es länger werden
sollte, und geläufig war der Unsagbarkeitstopos *ich kann gar
nicht sagen, wie sehr ich dich liebe*. Smartphones waren noch
nicht verbreitet, und so kam es vor, dass die beste Freundin
weder telefonisch noch online zu erreichen war. Die Zeit
wurde genutzt, um wenigstens einen *langen gb zu machen*.
Während die Mädchen sich in Stimmung tippten, formulierten sie Gefühle, die sich an ihr inneres Bild der Freundin
richteten. Viele schriftlich ausgebreitete Mädchenfreundschaften waren dabei ein unterschwelliger Vergleichsparameter. Das Gästebuch schuf einen Raum, der die Ode an
die Freundin geradezu herausforderte. Das Zusammenspiel
aus Sehnsucht, Zeit und Muße romantisierte in den oft
tagebuchartigen Einträgen die Freundschaft und war für
überschwängliche Gefühlsoffenbarungen mitverantwort-
lich.

Anstelle von *weeiL ich dich soo sehr Liebe < 3* wurde auch
„Langeweile" als Motiv angegeben:

HEI HEI MAUSI
ICH WOLLTE DIR MAL NEN LANGEN GB-EIN-
TRAG MACHEN ICH WEIß AUCH NICHT WARUM
VLLT IST MIR LANGWEILIG AUFJEDENFALL BIN
ICH FROH DICH ZU HABEN […]

„Langeweile" bezeichnete keinen Mangel an Beschäftigung, sondern einen Mangel an Freundin. Ihre Abwesenheit wurde als langweilig bezeichnet, aber empfunden wurde eine seelische Unvollständigkeit. Da der Alltag von permanenter Interaktion geprägt war, wurde eine Unterbrechung dieser Intersubjektivität bitter beklagt:

* schatz du und ich für immer okii..?? wenn du nicht mehr da bist ist die welt nur noch scharz&weiß weil dein lachen alle faben mit nimmt ... ich bin einfach überglücklich mit dir wenn du da bist fühle ich mich soo gut
* das Wochenende war einfach blöd ohne dich – du hast mir einfach gefehlt – dein lächeln das bringt mich selber immer so zum Lachen !
* Mausii es iis soo ungewohnt ohne diich des weekend zu verbringen .!! maan jetzt konnt iich niich richtig laut seiin und nich so viiel scheiß machen

Fehlte die Freundin zum *Lachen,* zum *laut seiin,* zum *scheiß machen*, musste man sie wenigstens irgendwie *zutexten.* War sie länger nicht online, stand auch mal...*blablablabla....*blubb** im Gästebuch:

* man i weiß ga nimma was ich für scheiße schreib. ich liebe dich einfach über alles auf allen welten des universums & ich bin so glücklich das ich dich hab. !
* is schon komisch was ich so schreibe wenn ich nicht weis was ich schreiben soll...hm... naja ...iwie muss ich dich doch zutexten oda !?! wenn ich dich schon fast nie seh xDDD ..blablablabla....*blubb* hmm... ^^ lalalalalalaaa ...^^

Unzertrennliche Freundinnen lachen, kichern und tuscheln. Unentwegt lächeln sie sich an. Sie übernachten gerne bei der anderen zu Hause und schlafen dann im selben Bett ein. Manchmal liegen sie sich in den Armen, ohne dass klar ist, wer gerade wen tröstet. Umarmungen brauchen keinen besonderen Anlass. All dies spiegelt sich in den Gästebucheinträgen wider:

* es ist einfach schön dich jeden tag in der schule umarmen zu können ;D
* morgen früh spring ich dich erstmal so richtig an. und lass dich nimma los. des versprich ich dir!!
* immer wenn ich traurig bin kommst du und, ich weiß nicht wie du es immer wieder schaffst, heiterst mich wieder auf, tröstest mich oder nimmst mich einfach nur in die arme.
* ich hätt weinen können gestern, als ich dich im arm hatte ! ich liebee dich und ich freu mich wenn wir uns wiedersehn meine strahlefrau (:
* ich werde dich öfter in den arm nehmn und sagen du bist meine BFF und des wirst du füür immer bleiben ich werd dich einfach mal so nehemen und ka einfach für dich da sein !! Wo du mir gerade gesagt hast das du deprie bist des kann ich ned höören weil wenn ich deprie bin und dann eine meiner besten freundinen dann könnt ich soo heulen desswegen mach ich dir den gb weil ich will das du weist das ich immer füür dich da bin und ka dich einfach zuu fest lieebe und ich kann dich nimma loslassen . am liebsten wüürd ich jeden tag mit dir shiT machen okayy des machmaa scho in da schuui aber ka mehr mit dir machen wir sagen eig. immer nur haai' und des wars ich nehm dich jetzt immer in den arm wenn ich rauf komme kaay

Das aufeinander fixierte Interaktionsverhalten in Mädchenfreundschaften ist seit den 1970er Jahren unter dem Begriff
der Face-to-Face-Freundschaft bekannt (vgl. Wright 1969).
In den Gästebüchern der Schulmädchen wurde dieses In-
einander-versunken-Sein auf überspitzte Weise zur Kern-
kompetenz stilisiert. Vor allem das gemeinsame Lachen
wurde so oft thematisiert, dass ein Mädchen schrieb: *[...]*
und lachen dann so ewig, aber übers Lachen will ich jetzt nicht
schreiben :DD.

Die Wie-geht's-Fragen in den früheren Einträgen zeigen zumindest stilistisch in jedem Satz emotionale Distanz
zwischen den Mädchen: *Hast* du *die Hausi schon? Welche*
Note hast du*? Was machst* du *in den Ferien?* Aus diesem *Ich*
und *Du* wurde ein *Wir.* Alles, was dieses Wir-Gefühl in einer Mädchenfreundschaft ausmacht, wurde intuitiv an die
Oberfläche der öffentlichen Inszenierung geholt und war
2009 das Grundmotiv der Gästebuchkommunikation. Das
gemeinsame Lachen scheint fast so etwas wie die emotionale Basis für dieses Wir-Gefühl zu sein.

Blickkontakt zwischen zwei Freundinnen löste ein wech-
selseitiges Grinsen aus. Sie fanden alles lustig, und lachte
die eine, lachte auch die andere. Sie verstanden sich ohne
Worte und zeigten das auch, wenn sie sich auf ihren Fotos anlächelten oder gemeinsam in die Kamera lachten. Sie
erahnten teilweise die Reziprozität des Lächelns sowie die
Verbundenheit und Exklusivität, die durch ihr Lachen entstehen kann:

1) Lachen über jeden Mist, aber genau deswegen sind wir
Wir, und ich liebe dich so – wie du bist !

2) ham ma uns auch mal endlich wieder das porno ping pong angeschaut.. aber i-wie kann ich da nur drüber lachen wenn du dabei bist.. sonst kann ich das nich wen ich allein bin oder so oder ichs m dany zeig..^^ […] ach bebii mit dir is schon immer der wahnsinn ich kann mit dir echt über alles reden wir können soo viel spaß haben und uns über so sinnlose sachen den arsch ablachen (fantasialand) du bist echt meine allerbeste freundin schatzii

3) aba maan wir wir halt immer end den Lachflash bekommen wenn wir uns nur anschauen ;D & wir denken fast immer das seelbe ;P Tjaa wir sind halt cooL ;D Geedaankenübertragung ;DD

4) wir lachen uns da schon den ar*** ab und lachen immer noch (: jaja..wir und unsere insaiidas xD

5) Pausen ohne dich sind einfach nicht das selbe. Mit dir is es einfach geiler, wenn wir immer gelacht haben ..einfach so ohne Grund! oder immer schon gelästert haben! ;D

6) wir kriegen da beim essen voll den lachanfall & kriegen uns nich mehr ein. mariie & ihr omcheen :DD schauen uns so an & fragen sich warum wir lachen .. jajaa

7) oder wie wir im zelt immer unsere lachkrämpfe bekommen haben , und nur wir wussten wieos (: oh scheiße war des geil ^^

8) meeein bebii was wär ich nur ohne dich .. ich hätte bestimmt gaar keinen grund mehr zum lachen :/

3 und 15: Lachen ist ansteckend, aber besonders das Lächeln der besten Freundin verursacht ein Glücksgefühl. Diese Vertrautheit empfindet die 14-jährige *Happiness* wie *Gedankenübertragung*.

1, 2, 5 und 8: Über *jeden Mist*, über skurrile Videos und *sinnlose sachen* oder *einfach so ohne Grund* kann man nur mit der besten Freundin lachen. Ohne sie erscheint alles schal, denn eigentlich ist das Wir-Gefühl der Grund zur Freude. Es gäbe *bestimmt gaar keinen grund mehr zum lachen.*

4, 6, 7, 10 und 15: Warum die beiden sich nicht mehr *einkriegen* vor Lachen und sogar *voll den lachanfall kriegen*, fragen sich die Umstehenden mit konsternierter Miene, was dafür sorgt, dass sich die Mädchen nicht so schnell beruhigen. Zwei Mädchen, die *immer lachkrämpfe bekommen,* erzeugen eine exklusive Sphäre, die andere zu Zuschauern macht. Insider (*insaiidas*) als Auslöser für Lachanfälle sind nicht unbedingt im wörtlichen Sinn Geheimnisse, sondern auch belanglose äußere Anlässe, die beide Mädchen gleichzeitig bemerken und unglaublich zum Lachen finden. Weil sie sich so gut verstehen, wissen sie auch, dass die andere im selben Augenblick *das gleiche denkt.* Ein kurzer vergewissernder Blick in ihr Gesicht und über ein erstes Grinsen nimmt die Spirale bis zum *Lachflash* ihren Lauf, ohne dass Dritte eine Ahnung haben, was vor sich geht. Beste Freundinnen brauchen keinen Grund mehr, um zu lachen: *wie wir halt immer end den Lachflash bekommen wenn wir uns nur anschauen ;D.*

9) manche menschen sind neidisch auf uns oder auf unsere gute freundschaft weil sie uns sehen wie vieel fun wir haben und so . in der schuui is aa immer enz lol & pause und alles
10) wie du uns alle angeschaut haben weil wir so laut gelacht haben die ganze zeit .;D
11) so übelst lol und dann lachen wir echt ununterbrochen xD

12) mit dir is es immer soo megaa lustig echt keine einzige minute ohne lachnn^^ 😊 pausn sind auch viel zu kurzZzzzz

13) ich muss imma mit lachen mit dir. [...] mit dia is a imma voi witzig && lustig wiei oben schon geschrieben mit dir musss man einfach imma lachen..*smile*

14) einfach den ganzen Tag wieder lachen && das nur mit Dir! (:

15) wer über die gleiche scheiße lacht wie ich ; wer das gleiche denkt wie ich

16) omg ich sag nur rewe wir lachen da über jeden scheiß mann altahh..;D

17) allertollste Lisa, und du mir erst /: Jaa. zwei so dumme Kinder die über jeden Scheiß lachen (:

9: Der 14-jährigen *tAmIxDolL* ist bewusst, wie sie im Verbund mit ihrer Freundin auf andere Mädchen wirkt, wenn sie ihren *fun* inszenieren. Ihre Freundschaft erscheint dann sehr beneidenswert.

12, 13 und 14: Wie entscheidend beim Lachen der Blick in das vertraute Gesicht der Freundin ist, betonen die Mädchen, wenn sie *mit dir* schreiben. Das *lachen mit dir* und *mitlachen mit dir* ist ein anderes Lachen, als wenn man mit anderen Freunden lacht oder nebeneinander im Kino sitzt und über einen Film lacht.

11, 12, 13, 14: Wichtig ist, dass gemeinsam gelacht wird und das *ununterbrochen, keine einzige minute ohne, die ganze zeit, den ganzen Tag wieder* und *immer/imma*.

15, 16 und 17: Das Witzige und Lustige, worüber gelacht wurde, interessiert im schriftlichen Resümee oft nicht mehr und wird dann mit *über jeden scheiß* paraphrasiert.

In den Einträgen drehte sich alles um die typischen Verhaltensweisen einer wundervollen Mädchenfreundschaft: Beste Freundinnen, die immer *füreinander da sind* und *alles zusammen durchmachen*, schütten sich gegenseitig ihr Herz aus. Sie wissen, dass ihr Lachen auch Kummer und Sorgen kennt:

* zusammen geweeint gelacht geteil .. einfach alles.. <33·
* du bist mein persöhnlicher engel, weil du immer für mich da bist, weil wir gemeinsam lachen, weinen und prbleme bewältigen.
* immer wenn du bei mir bist können wir über alles reden wir lachen gemeinsam wir weinen gemeinsam wir muntern uns einfach auf und das find ich einfach so unqlaublich toll

Freundinnen, die miteinander *immer über alles reden*, machen sich gegenseitig ihre Gedanken und Erlebnisse, ihre Probleme und Sorgen bewusst und binden sich so noch stärker aneinander:

* ich hab dir gar nich gesagt . das du die einzige bst die einfach alles über mich weiß
* du bist echt meine allerbeste freundin schatzii gibt keinen anderen den ich DIESE sachen erzählen würde außer dir.
* dir kann man auch seine probleme sagen und wann weiß man hat sie bei dir gut untergebracht und du sagst es auch keinem weitter. du bist einfach immer für mich da gewesen und ich hoffe du wirst auch imma für mich da sein?? danke. elli das du imma ein offenes ohr für mich und meine problem hast. lieb di dafür sÄÄhr

* ich bin einfach nur sou froh dich zu haben & das ich dir alles anvertraun kann & das du einfach immer für mich da bist!

Beste Freundinnen investierten immer mehr Intimität in ihre Freundschaft, und dass sie das taten, verkündeten sie ihrem gemeinsamen Umfeld. Jeder, der mitlas, fragte sich, was mit *DIESE sachen* wohl gemeint sein könnte. Da die Mechanismen einer Mädchenfreundschaft aus dem Alltäglichen hervorgehoben und zum Gegenstand eines Kults gemacht wurden, erfuhren sie eine Zuspitzung. Natürlich waren Mädchenfreundschaften auch schon in der Zeit vor den sozialen Medien in ein Konzept sozialer Handlungen gebettet. Freundinnen teilten ihre Geheimnisse (Beziehungsarbeit) und sie flüsterten miteinander oder trösteten sich in der Gewissheit, dass die anderen Mädchen zusahen (Identitätskonstruktion). In den Jahren 2008 und 2009 präsentierten sämtliche Mädchen diese Handlungsmuster online und konnten sie somit auch in Ruhe nachvollziehen. Es ist ein Unterschied, ob zwei Freundinnen *immer lachen und über alles reden* oder ob sie dieses Erleben schriftlich artikulieren und sich somit bewusst machen. Das geschriebene Wort zieht eine eigene, verbindliche Wirkung nach sich. Unzählige Einträge zeigen in geballter Form, wie wichtig es für eine perfekte Freundschaft ist, Geheimnisse zu teilen und Probleme miteinander zu besprechen.

* Jetz ham wirs erste mal seit laangem wieder richtig miteinander geredet . Jetz merk ich erst wie wihtig du mir bist
* du bist einfach da auch um halb 12 nachts, wenn ich nicht schlafen kann oder sorgen hab oder einfach je-

maden zum reden brauch. immer wenn ich traurig bin
kommst du

* Vorhin Reeden haat echt quut qeetan .. <3
* Über was wir alles geredet haben. Wie verrückt wir beide
  einfach sind..

Waren die Probleme und Sorgen zuerst da oder wurde zuerst darüber geschrieben? Eigentlich betrifft diese Hen-
ne-Ei-Frage den gesamten Kult *Schulmädchen mit bester
Freundin.* Hat eine ganze Generation nachgemacht, was ein
paar Mädchen vorgemacht haben? Die Emotionalisierung
ließ sich gleichzeitig in verschiedenen Onlinenetzwerken
auf den Seiten der Mädchen beobachten. Ihre Affinität für
romantische Inhalte war dabei ausschlaggebend. Sie selek-
tierten das Bild- und Textangebot im Netz und trugen eine
entsprechende Herz-Schmerz-Lyrik in den Gästebüchern
ihrer Freundinnen zusammen. Begeistert wollten sie sich
gegenseitig übertreffen. Der Kult ist auch das Ergebnis
solch einer positiven Rückkopplung. Die neuen Möglichkeiten zur Inszenierung haben direkt in die Mädchenherzen
getroffen. In einem sich selbst verstärkenden Prozess hat die
Optimierung des Onlineauftritts bereits vorhandene Verhaltensweisen soweit kultiviert, bis in sämtlichen Bereichen
der Inszenierung relativ feste Konventionen verankert waren. Zum Beispiel verfestigten sich syntaktische Strukturen
wie die Über-alles-reden-Phrase:

* mit dia kann ma einfach über alles reden . !
* i bin soo froh dass ich solche freunde hab, mit denen
  man scheice baun kann und über alles redn kann. , ihr
  seid einfach imma für mich da
* Dann noch, dass ich mit DiR und wirklich nur mit dir
  über ALLES reden kann [...] Wir reden imemr über alles miteinander; und für immer. <3 [...] ich kann mit dir

auch über wirklich alles reden und wir passen so perfekt zusammen. Wir sind schon lange EINS! <3
* DU KANNST MIT MIR ÜBER ALLES REDEN ICH BIN IMMER FÜR DICH DA ;D

Zwischen den Zeilen steht der Wunsch, der Freundin auf Augenhöhe zu begegnen, sich ihr anzuvertrauen und sie ins Vertrauen zu ziehen, um mit ihr *EINS* zu werden. Das Angebot *Du kannst mit mir über alles reden* meint: „Erzähl mir deine Sorgen. Ich will deine Freundin sein." Wichtiger Bestandteil der Phrase ist das Indefinitpronomen *alles*, das viel andeutet und Dritte im Unklaren lässt. Eine Variante davon ist *einander zuhören*:

* Danke, dass du mir zu hörst und mir helfen willst && immer für mich da bist.
* Egal wann wir haben immer einander zugehört & soo .. ! ich muss echt mal Danke für alles sagen <3
* danke nochmal für heute das zuhörn und alles des war voll nett von dir (:
* du bist einfach immeer für mich da...un hörst mir immeer zu (naja.. du lässt mich nie ausredeen un sagst dann imma das dus nie planst ;D) egal wie oft ich dich schon mit dem gleicheen zeug zugetextet hab ;D
* danke einfach für dasein und zuhören. du bist die beste && das wirst du auch immer bleiben
* war schon toll das du dir zeit vorhin für mich genommen hast =) & mir zugehört hast .. x33
* Danke fürs zuhören und du kommst aber noch weiterhin zu mir, wenn was is, Ja?!
* danke das du mir immer zuhörst auch wenn ich manchmal shiz von mir geb :'DDD ich habs halt nötig ._. und dafür darfst du dich ja bei mir auch immer ausquatschen ;PP

Das Schreiben über das Reden füllte die Gästebücher und offenbart ein selbstbezogenes Kreisen um die Freundschaft. Ihr Wert misst sich an der Intensität der täglichen Kommunikation. Stundenlanges Telefonieren (*teln*) mitten in der Nacht gehörte auch dazu:

* teLn wiir morgen dann kann ich mit meinem ein und alles scheiße laban ..!!
* Ich werde für immer für dich da sein. Du kannst mich immer immer anrufen. wirklich immer. Ich will für dich genau so dasein wie du für mich.
* ich bin IMMER für dich dah, egal was is ((bist du traurig und hast kummer wähle einfach meine nummer)) und ich lass diich NIE im stich meinetwegen kann sich die ganze welt gegen uns stehn
* danke dass du für mich da warst. ! & soou. oder auch, mit den kelheimer jungs die alle keinen schwanz in der hosen ham, wenns dir wegn dene shit geht., oder auch wegen was anderem, bin ich natürlich auch immer für dich daa. ich kanns noch so oft sagen., aber ich will dass du weißt, dass wenn was is, du hast iijah meine home nummer auch handynummer, egal wann., ruf mich an. wenns um 4 in da früh is, wo ich mich vll grad umdreh ^^ du stöörst nie.
* schau gestern als duu angerufen hast bin ich schon an der tür gestanden weil ich einfach für dich da sein wollte !! ich fands voll toll das duu MICH angerufen hast und nicht so alleine warst !! schau ich denke mal diaa ging es ja auch dann schon besser "!! Ich Liebe Dich && ich wollte damit sagen das ich immer aber auch immer füaa dich da bin auch wenn wiaa streit habe !!
* danke dass du mich jeden Nachmittag anrufst & dass es mir dadurch schon besser geht :DD Danke für die TOllen Gespräche & dafür dass du mir auf dem Laufenden hältst.

Nicht nur der eigene Laptop gehörte inzwischen zur Ausstattung, sondern auch die eigene Festnetznummer und das eigene Handy. Mädchen telefonierten unbeobachtet in ihren Zimmern, während sie gleichzeitig online miteinander chatteten. In den intensiven Phasen einiger Mädchenfreundschaften fand die Beziehung somit kaum mehr zeitliche Unterbrechungen, weshalb nach einem Tag ohne Kontakt schon einmal Zweifel am Status der Freundschaft aufkamen. Große Gesten – ein langer Eintrag oder ein selbstgemachtes Freundschaftsvideo auf YouTube – sorgten dann für Stabilität. Die Titel der Videos lauteten zum Beispiel *für die beste freundin, die man sich vorstellen kann.* ♥ *:** und zeigten meist die Geschichte der Freundschaft: *Weißt du noch, als wir das erste Mal zusammen telefoniert haben? Wir hatten schon immer die geilsten Gesprächsthemen. (:*

Das so häufig verwendete *immer* in den Phrasen *ich bin immer für dich da* und *du kannst mich immer anrufen* hat neben der Bedeutung *für immer* im Sinne von *allerbeste Freunde für immer* auch die Bedeutung *stets, rund um die Uhr* im Sinne von *du stöörst nie*. Das Gefühl, gebraucht zu werden und selber Trost zu finden, oder einfach nur die Möglichkeit, vor dem Einschlafen noch einmal die Stimme der Freundin zu hören, waren nun per Knopfdruck abrufbar. Die Wahrnehmung der Freundschaft passte sich schließlich dem emotionalen Niveau ihrer Inszenierung an:

* Ewig deins, ewig meins, ewig uns!
* Du meins, ich deins, wir eins!
* Wir sind ein und dasselbe. Wir sind Schwestern. Du bist meine Familie, was mir ist, ist auch dir!
* du bist ich und ich bin du

Die Symbiose, das Einswerden, vollzog sich nicht gänz-
lich innerhalb des Zweiersystems bester Freundinnen. Das
intersubjektive *Wir* benötigt ein Objekt als Gegengewicht
und Vergleichsparameter. Mädchen beobachten ihr Umfeld
aus Gleichaltrigen sehr genau. Jedes Detail im Verhalten
und im äußeren Erscheinungsbild von der Art zu lachen bis
hin zur Schuhmarke wird genauestens registriert und muss
sofort in der Clique oder mit der besten Freundin besprochen werden. Beim *Lästern* wird wieder viel gelacht und
gekichert, aber es geht nicht zwangsläufig gehässig oder ab-
wertend zu. Entscheidend ist, das Gleiche lustig oder peinlich zu finden. Unbewusst arbeiten die Mädchen auf diese
Weise an ihrer gemeinsamen Identität. Während sie lästern,
vergleichen sie sich selbst und ihre Freundschaft automatisch mit anderen Mädchen und deren Freundschaften. So
entwickelten sie auch ihre Rolle als hübsches Schulmädchen mit bester Freundin, ohne den Sozialisationseffekt zu
bemerken:

* Gestritten haben wir uns noch NIE und wir haben (also
  ich zumindest ;>) noch nie über den anderen abgeläs-
  tert ;D Das heißt aber nciht, dass wir gemeinsam ncith
  über andere ablästern XD Oka, das war Jetzt leicht fies^^
  Aber Jeder REDET Ja mit seiner Besten Freundin über
  andere Leute ;D
* die paar tage bei dir warn voll schön ((: fernsehn, essen, lästern, fernsehn, ausreiten, essen, lästern xb ach war
  schon geil ;D
* eccht totaal vieel shicee qemacccht , wiaa habeen qelacht ,
  qelästert , qeschrieeen , qeechillt , qekifft , qesauuft , qee-
  fressen && aufjedeeenfall habeen wiaa zusammen spaaß
  qehaabt .

* aaalso: weihnachten, winterferien, silvester --> absturz würd ich sagen (:, saison, schneemann bauen, schlitten fahren gehen mit allen, schlittschuhfahren gehn mit allen, weihnachtsmärkte, plätzchen backen zu 4., kinderpunsch bzw. glühwein (:, skifahrn bzw. boarden, faschingsferien, tee trinken und chillen, duftkerzen anmachen chillen und lästern, filme schauen hundert stunden ohne ein schlechtes gewissen zu haben dass man nichts draußen macht, […]

Es steht außer Frage, dass jedes Mädchen *mit seiner besten Freundin über andere Leute* redet und *ablästert*. Das Lästern gehört einfach zu einem schönen Tag mit der Freundin und wird in einer Reihe mit solch elementaren Dingen wie *essen, fernseh* und *ausreiten* genannt. Wenn Mädchen zusammen *chillen, duftkerzen anmachen* und *filme schauen hundert stunden*, ergibt sich das Lästern von selbst. Da es aber *leicht fies* ist, wird es in den Einträgen nicht so oft erwähnt.

Das Schreiben über die Face-to-Face-Interaktion *immer lachen mit dir, über alles reden, sich gegenseitig zuhören und trösten, ewig telefonieren und lästern* strukturiert die Einträge thematisch. Noch auffälliger, weil sie in Mädchenfreundschaften bisher nicht in dieser Form zum Umgangston gehörten, sind solche Beziehungsphrasen wie *ich liebe dich, du bist mir so wichtig geworden, ich vermisse dich, ohne dich kein mich, ich bin immer für dich da, wir haben schon so viel erlebt, ich bin so froh dich zu haben* usw. Sie ergänzen das inhaltliche Gerüst in jedem längeren Eintrag an eine *allerbeste Freundin für immer & ewig*.

Die standardisierte Artikulation der großen Gefühle ist das Zeugnis einer mindestens ebenso großen Unsicherheit.

Viele Freundschaftsverhältnisse waren und sind offensichtlich von einer Instabilität geprägt, die mit diesen hochemotionalen Mustern kaschiert wurde. Hinter der sprachlichen Konvention, die sich 2009 auf ihrem höchsten emotionalen Niveau befand, standen unsichere, teils ambivalente Gefühlslagen, die fassbar werden, wenn man Beziehungsphrasen wie *ich will dich nie verlieren* betrachtet, in die eine besondere Intensität gelegt wurde:

* Ich will dich nie nie nie verliern.<3
* und will dich niiiiiee malls verliern nie nie nie!!!!
* und ich will dich nieeee nie nie nieeeeeeeeeeemals verlieren Jaa.
* ich wil dich nie verlieren da würde ne welt füe mich untergehen):
* && ich will dich nieeeeeeeeeeeemals verlieren hörst du ?
* GeschwisterLieebe Füür immer & ewig schatz <3 ich will dich nieemeehr in meinem Leeben verLiaan !!
* ich will dich einfach nieeeee nieee nieee verlieren..!!ja?!

Grußfloskeln wie *ich will dich nie verlieren* reihten sich scheinbar belanglos aneinander, doch sie drückten auch das aus, was die Mädchen empfanden oder was sie glaubten, empfinden zu müssen, wenn sie ihrer besten Freundin einen Eintrag schrieben. Einige Mädchen schienen tatsächlich Angst zu haben, ihre Freundin zu verlieren. Diese Angst spricht die 15-jährige *sweet12* direkt an:

Du biist imma für miich daa ., und iich wüsste echt nicht was ich ohne dich machen müsste =(Imma hilfst du miia ., eqaal wann &&Wo ichh habe einfach ANgst wenn uns doch noch jemand ausernadner bringen kann.

Verlustängste korrelieren vermutlich mit dem Grad der Fixierung auf die Freundin. Eine ernsthafte Entzweiung kann bei einem symbiotisch auf die Freundin ausgerichteten Selbstbild als existenzbedrohend empfunden werden. Zumindest die Tendenz zu einer ängstlich besetzten Vereinnahmung ist in der Menge solcher Einträge erkennbar. Vor einem Auseinanderbrechen der Freundschaft haben Mädchen besonders dann Angst, wenn sie eher schüchtern sind und nicht so schnell wieder in einer Clique oder bei einem anderen Mädchen Anschluss finden. Sie fühlen sich plötzlich isoliert, wissen nicht mehr, wohin mit sich, und kommen nach der Pause für jeden sichtbar alleine zurück ins Klassenzimmer.

Mädchenfreundschaften können aus verschiedenen Gründen sehr intensiv werden. Ernsthafte Konflikte werden folglich so gut es geht vermieden. Der Wunsch, niemals im Streit auseinanderzugehen, und die Stilisierung als kleines, schutzbedürftiges Mädchen ist die Botschaft der Ich-will-dich-nie-verlieren-Phrase, die fast immer intensiviert wird. Vokale werden gedehnt, viele Ausrufezeichen verwendet, bedeutungstragende Worte vervielfacht und ein sich der Empfängerin vergewisserndes *hörst du?* angefügt.

Ist dir eig schon aufgefallen, dass seitdem wir einen Freund haben es sich eig nur ncoh alles um Jungs dreht?, fragt die 15-jährige *PlanxLOs* in einem ihrer Einträge. Offenbar standen die Beziehungen zu Jungen der Mädchenfreundschaft, so wie sie früher war, im Weg. Es folgt eine Beschreibung dieser Gefühle:

Das muss ich wieder ändern weil ich dich sehr vermisse als meine beste freundin aber wir i.wie den zugang zueinander

verlorenn haben zumindest kommt mir das so vor . ich vermisse unsere stundenlange gespräche unsere dani'nd melli
Tage unsere obermega peinlichen Aktionen! Ach ich vermisse einfach meine beste Freundin . Ich hoffe das ändert
sich bald , denn in der Schule ist das immer so komisch . es
geht nur noch um Schule und unser Kontat ist eher distan-
ziert und das tut mir irgendwie leid : '(

Ein Mädchen, das bislang die wichtigste Bezugsperson im
Leben der Freundin war, fühlt sich durchaus in die zweite Reihe zurückversetzt oder wie vom Thron gestoßen,
wenn plötzlich alle Aufmerksamkeit der Freundin einem
Jungen gilt. Gerade wenn ein eher narzisstisch vereinnahmendes Verhältnis vorlag, werden die neuen Prioritäten
der Freundin als kränkende Zurückweisung empfunden.
Auch aus der Sicht dieser Freundin, die nun ihre gesamte
Energie auf den Freund verwendet, kann ein in der Tiefe ängstliches Bindungsmuster dafür verantwortlich sein,
dass die vor kurzem noch so innige Mädchenfreundschaft
als nicht mehr notwendig, vielleicht sogar als Risiko für
die Beziehung zum Jungen empfunden wird. Die genauen
Hintergründe sind anhand einzelner Textbelege nicht zu er-
schließen, doch viele Einträge stehen insgesamt unter dem
Vorzeichen von Verlustangst und Eifersucht, häufig wegen
anderer Mädchen, die sich als Freundinnen positionieren,
seltener wegen der Liebesbeziehung zu einem Jungen.
    Bei der Interpretation dieser Texte von Mädchen, die
im Durchschnitt 14 Jahre alt waren, muss man sich stets
die Frage stellen, was ist aufgebauschte Inszenierung im
öffentlichen Raum, was sind echte Gefühle und inwieweit
sind ehrlich empfundene Gefühle der Mädchen durch den

Prozess der Emotionalisierung beeinflusst. Selbst wenn der durch die sozialen Medien wachgerufene Freundinnenkult in gewisser Weise die Tonlage und sprachliche Muster vorgibt, hat er eine reale Grundlage, die in den Einträgen auch sichtbar wird. Viele Mädchen scheinen in ihren Freundschaften wie in einem Mikrokosmos umeinander zu kreisen, was sich in solchem Beziehungsvokabular wie *ich vermisse dich jetzt schon* niederschlägt:

- Aber ich vermisse dich.. Die nächsten Tage werden hart XD Jetzt können wir uns nur noch an den Wes sehen und so :/
- Jch haaab Dich qeestern Jaa so vermisst .!! ; (
- Dann Bis Montaaq ich vermiss dich jz schon ; // Jch Lieeebe Dich aLLer Beeeste <3
- ich liebe und vermisse dich ganz arg meine tollste ehefrau
- wendu würklich weg musst sehen wir uns garnichtmehr oder?? ich würde das nicht aus halten ,ich vemisse dich ja immerschon nach paar stunden

Beste Freundinnen leben nicht nur im Augenblick. Sie ahnen, wie *wunderschön* diese Zeit des Mädchenseins ist, und erinnern sich an den Beginn ihrer Freundschaft im Kindergarten oder an die Zeit, als *Krisengespräche* noch nicht online geführt wurden. Am Ende ihres langen Eintrags beschreibt die 14-jährige *Jessilein* ihre *Teenager Zeit* als *für immer* unvergesslich:

[…] Dank dir is und wird meine ‚Teenager Zeit' unvergesslich XD Ich werde mich imemr an unsere gemeinsamen Lachflashs und Mädchenabende erinnern.. An die

Tage wo wir stundenlang reden konnten und Spaß hatten. Ich denke mal, du wirst auch noch in 1O un 2O (usw..) Jahren meine Beste Freundin sein. Hoffentlich für immer! Ich werde immer an unsere gemeinsame Zeit denken, du wirst immer das Mädchen bleiben, das mein Leben perfekt gemacht hat und immer noch macht :'D Aber wir werden uns dann gemeinsam an unsere geilen Zeiten erinnern.. Schatz, wir werden sicher ewig so gut, wenn nciht noch besser, befreundet bleiben. Denn du bist mir so wichtig wie sonst niemand. Uns kann wirklich nichts und niemand trennen; Du und ich.. Fürimmer! (: Du wirst immer im meinem Herzen bleiben und unsere gemeinsamen Erlebnisse auch .. Koffeinrausch beim Mäcci; Fotos heimlich im Garten vom Nachbarn machen, zusammen Horrorfilme anschauen .. Ach, ich kann echt nicht alles aufschreiben. Immer wenn wir was machen wird es total lustig XD Diese Zeit mit dir ist wunderschön. Ich freue mich schon auf die nächsten Jahre mit dir. Ich liebe dich soooo unbeschrieblich sehr. du bedeutest mir mein Leben. AllerBeste Freundin, die ich mir nur wünschen kann. Danke für wirklich alles; Liebee. <333

Noch ist die Gegenwart ausgefüllt von der besten Freundin, und es ist kaum mehr vorstellbar, wie das Leben *ohne* sie war. Beteuerungen wie *ohne dich kann ich nicht mehr* zählen zur Essenz der Verliebtheitsmetaphorik dieser Zeit:

* -enqel ich liebe dich soo unbeschreiblich viel <3 ich kann & will ohne dich einfach nicht mehr leben ich bin immer für dich da !
* seelenverwandte <3 ohne dich geht es einfach nicht mehr ;> ich lilaliebe dich für immer <3

* ich weiß gar nicht was ich ohne dich machen soll
* ich weiß echt nicht wie ich ohne dich solang leben konnte
* ich bin so happy dich zu haben schatz . ohne dich oh nein
* schaatz og ich hab grad träneen in den augeen… ich liebee dich so sehr… ohne dich könnt ich einfach nich mehr.. ich brauch dich einfach… wir habeen schon so viel durchgemacht..
* ich hoffe du weißt was ich ohne dich bin ? ohne dich geht einfach nichtss boaah die vorstellung nur ohne dich nein nein ;d .. das geht gaaaaaaaaar nicht!!! = D .. ohne dich auch kein mich
* ohne dich gibts kein mich schon vegessen? ich kann nicht mehr ohne dich du bist meine beste freundin , meine vertrauens person, mein ein und alles , ich will nicht ohne dich

Mädchen in der 7. oder 8. Klasse fangen an, ihre Freundschaften bewusst wahrzunehmen, vermutlich nicht nur wegen der Vergleichbarkeit in den sozialen Medien. Erste Weißt-du-noch-damals-Rückblicke zeugten von dieser neuen Selbstwahrnehmung als ein Mädchen, das eine Freundin hat. Das Gefühl, nun alles gemeinsam zu erleben und sich selbst und das Erlebte in der Freundin bestätigt zu sehen, ließ die Mädchen ihre 14 Lebensjahre auf den Tag genau in eine Zeit vor und nach dem Kennenlernen unterscheiden:

* ein Leben ohne Dich wäre unvorstellbar **&** hätte gar keinen Sinn meaaa ! ‹3 Jch kanns gar nicht in worte fassen wie wichtig du mir eigentlich bist ! 9 – 3 . 09 -> ein unvergesslicher Tag . Du & Jch ! Ehemann & Ehefrau . Jch ‹3 Dich!

* ich glaub wenn wir uns kennen gelernt hätten wo wir noch klein und hollpatschig warn des wäär bestimmt eine unglaubliche zeit gewesen noch unglaublicher wie diese zeit.. ich bin einfahc froh so einen menschen wie idhc zu kennen ja dieser tag war einfach ienmalig. dieser tag war der beste tag in meinem leben und ich werde ihn nie vergessn dank diesen tag habe ich so eine unendliche geschichte in mein leben geschrieben bekommen.

* weißt du noch wie wir uns kennengelernt haben?? oidaa oidaa aba durch wen wir uns halt kennengelernt haben maan ;DD oooh maan. Jeez noch 8 Taage dann kenn wir uns 1 Jahr . ein verdammt geiLes Jaahr würd ich maal sagen !! […] 22.10.2008 <3 Unseeer Taag schaadz . ich Lass dich nieemehr gehen

* ohne dich geehts nich meehr (: schoon meehr als 2 jahree puups

* 06.03.2007! Seit diesem Tag kennen wir uns && diesen Tag werde ich in meinem ganzen Leben nicht vergessen! (: weil Du einmahlig bist && Dich keiner ersetzen kann! (:

Die Identität vieler Mädchen konstituierte sich zunehmend im Gegenüber der Freundin. Das reziproke Wahrnehmen und Erleben ihrer selbst in der anderen, zu der sie bewundernd aufschaut, die sie lieb hat wie eine kleine Schwester und die gleichzeitig auch so ist wie sie, entspricht einer neuen, intersubjektiven Bewusstseinsebene. Ohne seine beste Freundin als reflexives und reagierendes Gegenüber fühlte sich ein Mädchen nicht mehr vollständig.

Diese Einschätzung muss nicht auf den Einzelfall zutreffen. Schon durch die Altersspanne der 12- bis 16-jährigen Mädchen, deren Einträge hier zugrunde liegen, kann eine im Wortlaut nahezu identische Formulierung unterschiedliche Bedeutungsräume umfassen. Gerade Mädchen ab 16 oder 17 Jahren, die bereits ihren Schulabschluss im Blick haben und deren Liebesbeziehung zu einem Jungen ernst wird, betrachten ihre Mädchenfreundschaft entspannter und die gemeinsam erlebte Teenagerzeit mit einem Lächeln. Das Datum, an dem sie *zusammen gekommen* sind, bleibt aber für immer „ihr Tag".

Schulische Jahrgangsstufen setzen sich aus der Sicht eines Schulmädchens aus einzelnen Freundschaften und verschiedenen Cliquen und Gruppen zusammen, zum Beispiel aus Fahrschülern oder dem Teil der Klasse, der am Nachmittag zur Ganztagsbetreuung in der Schule bleibt. Zusammen mit der besten Freundin fühlt sie sich als Einheit im Gewirr dieser Cliquen und Gruppen. Die Ich-will-dich-nie-mehr-verlieren- oder die Nie-wieder-ohne-dich-Phrasen zeigen jedoch, dass das intersubjektive Selbstverständnis – *wir* versus *die anderen* – nicht immer so fest und dauerhaft war, wie es dargestellt wurde. Mädchenfreundschaften sind selten *für immer und ewig.* Als größter Risikofaktor gelten *die anderen* in der Jahrgangsstufe, denn manche Mädchen lästern und tuscheln bloß, aber andere intrigieren oder schmeicheln sich ein, denn *manche menschen sind neidisch auf uns oder auf unsere gute freundschaft.* Um ihnen gar nicht erst die Gelegenheit zu geben, sich dazwischen zu drängen, müssen beste Freundinnen möglichst viel zusammen machen.

Die Unsicherheit hinter den blendenden Inszenierungen scheint in den Einträgen meist dann durch, wenn eine der beiden ein paar Tage krank war, in eine andere Klasse kam oder mit ihren Eltern in den Urlaub fuhr. Schnell glaubten sie die Kontrolle darüber zu verlieren, wie sich die Dinge entwickelten und wer was über wen erzählt. Doch Freundinnen, die sich vertrauen und *über alles reden*, überstehen Intrigen und Gerüchte in aller Regel. So beteuert etwa die 14-jährige *LittlePrincessx3* ausdrücklich, dass das, was *duuh weißt schon wer* behauptet hat, niemals der Wahrheit entsprechen könne:

> booa icch weiß nocch wo **SIE** duuh weißt schon wer ge-saagt haat daas iw. icch gesagt habeen soltte odaa kaa. das duuh nee........ bist . booa weißt duuh was das für ein schock füa micch waar ?! icch komm soo in die schulee &nd duuh waarst so end komsicch zu mia D : voll schlimm *heeul*aber duuh musst mia glaubeen sowaas habee icch niemaals über dicch gesaagt oder gedaccht . ! icch würdee so was niemaals tun !nieeemaals iaaa . ! <333 duuh bist meinee TF &nd das füa imma &nd ewiig. keinaa kann das kaputt macchen KEINa. die brauceen das aucch niccht maal versucchen ! . <33

LittlePrincessx3 verdeutlicht ihrer Freundin, wie schlimm der Schock war, als jene böswilligen Behauptungen Glauben schenkte und infolgedessen *so end komisch* zu ihr war. Ihre Versicherung, *nieeemaals* hinter dem Rücken der Freundin gemeine Dinge über sie gesagt zu haben, endet mit einer Beste-Freundinnen-für-immer-&-ewig-Formel und der Ansage, dass *keiner* ihre Freundschaft *kaputt machen* kann.

Oft bekräftigen ähnliche Schlusssätze vor oder nach der Ich-liebe-dich-Phrase, dass ein unspezifischer *keiner* oder *niemand* nicht den Hauch einer Chance hat, der Freundschaft etwas anzuhaben. Dabei verdichten sich Aussagen wie *keinaa kann das kapuut macchen* oder *hab dich mega voll dollä festää lieb und niemand kann das jemals ändern* um das Verb *trennen* und das Adjektiv *unzertrennlich*:

- du und ich für immer AS*unzertrenlich
- du bist die beste && das wirst du auch immer bleiben . keiner kann uns trennen .
- dann ham sich unsere wege getrennt .. aber wir haben halt wieder zusammen gefunden !! weil wir haalt einfach zusammen gehören ..!! […] wenn uns jemand probiert zu trennen bekommt gleich nen kacken ;P
- keiner kann uns Jez noch trennen . wir 2 gegen den rest der weLt
- wir sind freunde , und i soq da oans , dass kann wirklich nichts & niemand auf der welt trennen !
- Füreinander bestimmt. Du und ich .. Für immer (: Weil uns einfach nichts und niemand trennen kann, wir stehen alles gemeinsam durch. <333 Schatz. […] Uns kann wirklich nichts und niemand trennen; Du und ich.. Fürimmer!
- Mein Mädchen. (: <3 Du bist für mich mein Leben, seit wir auf der Schule sind, sind wir echt unzertrennlich . <33 Du bist mein ein & alles.
- Du weißt wenn es hart auf hart kommt halten wir immer zusammen auch wenn wiaa streit haben . aber so sind wiaa unzertrennlich meine süzze . <33

Stellten zwei Freundinnen ein Foto online, auf dem sie sich küssen, und ergänzten es mit dem Spruch *Du && Ich für immer unzertrennlich! ich liebe dich <3*, beeindruckte das nicht nur ihre Mitschüler. Auch für sie selbst wirkte diese medial fixierte Botschaft im Nachhinein stärker als im Moment ihrer Entstehung. Sie markierten, ob nun mehr oder weniger beabsichtigt, eine Entwicklung in ihrer Freundschaft, an die gegenseitige Erwartungen geknüpft sind. Viele Mädchenfreundschaften durchlaufen diesen Emotionalisierungsprozess, sobald sie sich auf die stark ritualisierten Vorgaben des Kults einlassen. Sie erhalten diskursiven Anschluss in der Lebenswelt der „Schulmädchen mit bester Freundin" und zugleich Orientierung für die adäquate Ausgestaltung ihrer Freundschaft. Mit der schrittweisen Übernahme der dramatisierten Inszenierungsmuster empfinden sie ihre Freundschaft als offiziell verkündet und anerkannt und dies in erster Linie auch vor sich selbst.

Man stelle sich zwei 13-jährige Freundinnen vor, die im Jahr 2009 die 7. Klasse besuchten und mitbekamen, dass die anderen Mädchen schon seit den Sommerferien alle bei fs-location angemeldet waren. Sie klickten sich nun das erste Mal durch diese Netzwelt und waren gleichermaßen sprachlos wie fasziniert. Aber sie lernten schnell und intensiv. Sie wählten Nicknames wie *CrazyFashionGirl* oder *pink muffin* und passten sich, ohne ihre Authentizität infrage zu stellen, dem emotionalen Status quo an. Dieser ließe sich für eine modische Kapriole der Digital Natives halten, doch im Gegensatz zu einem Kleidungsstil oder einer neuen Frisurmode hat Sprache die Kraft, auf das mentale Konzept des Sprechers einzuwirken. Wer täglich in solchen Kategorien wie *ich bin immer für dich da*, *nie wieder ohne dich* denkt, sagt sich vor der Schule nicht einfach nur *hallo*.

Die emotionale Steigerung braucht ein reflexives Gegenüber, das Schritt hält, denn auf ein *ich liebe dich* kann die Antwort nicht nur *hab dich lieb* lauten. Hat sich ein *Dreamteam* zusammengefunden, das der Klassenöffentlichkeit eine Freundschaft präsentieren kann, die nicht nur *gold-wert,* sondern *unbezahlbar* ist, dann ist das Grund genug, immer wieder *Danke* zu sagen:

- ich danke dir für jeden tag den ich mit dir verbringen kann. du weist gar nich wie wichtig du mir bist.
- Danke das du immer für mich da bist.
- danke das du immer für mich da bist & so ! <3
- ich wollte mich mal wieder bei dir bedanken..für alles.. einfach dass ich dich habe..(:
- Was soll ich noch sagen, außer danke, für dass du immer da bist, egal was ist , ..
- dankee das du mich so verstehst!!
- Danke für dein Vertrauen, du schenkst mir soviel wie sonst niemand.

Es gibt so viele Gründe *danke* zu sagen. Mit *danke für alles* ist das meiste abgedeckt:

- ich liebe dich soooo sehr <33 danke für alles <33
- danke. (: du machst mein leben einfach jeden tag wieder zu etwas besonderen.. danke für alles.
- aber du bist ja da danke für alles !! ich liebe dich !! x3
- Danke. Einfach für alles. Für den ganzen Spaß mit DIR!
- danke für alles. was wir schon miteinander erlebt haben. ! ich liebe dich soooou ! *:
- ich war voll fertig.. naaja danke für alles.. ich Liiebe dich.. <3
- ich Lieeeeeeebe Dich soo unendlich und maus ich danke Dir für alles was du je für mich getan hast !
- Ich Liebe dich sooo sehr && danke einfach für alles!
- Du bist einfach eine so tolle Freundin(: Ich bin dir echt dankbar für alles ;*

Schon fast wie eine Grußfloskel wirkt manches *ich liebe dich! danke für alles!*. Vor allem mehrere aneinandergereihte Beziehungsphrasen deuten auf schematische Schreibprozesse hin:

> Shatz <33 Du bist miaa einfach soo verdammt wichtig geworden !! ich will dich einfach nie mehr verlieren !! ich brauch dich zum leben ! Shwesterherz !! ich liebe dich ! danke füaa alles !

Da sämtliche Mädchen ihre Gefühle für die Freundinnen sehr ähnlich äußerten, bahnte sich ein stilistischer Dauerkonflikt an, denn eine allerbeste Freundin möchte dem Gewöhnlichen stets einen Schritt voraus sein. Viele Einträge lesen sich deshalb so wie der folgende von *PrincessJule* (15 Jahre). Die Mädchen bedienten sich nicht mehr einfach nur aus der Palette beliebter Sprüche, sondern brachten durch individuelle Formulierungen die emotionale Tiefe in ihre Texte zurück und steigerten dadurch zudem nochmals die Emotionalität (*wenn ich nur einmal dein strahlend schönes Lächeln sehen kann!*). Als Beweis für die Aufrichtigkeit wurde immer wieder und beinahe entschuldigend angemerkt: *…, dass man es gar nicht mehr in worte fassen kann*:

> eNGeLCHeN <3
> Schatz ? Egaal was kommt .. Wir beide halten für immer zusammen! Nichts und Niemand auf der **Welt** kann uns jemals trennen ; denn uns beide verbindet einfach so verdammt viel ! Es sind jetzt schon **5** Jahre und es waren die schönsten 5 Jahre meines Lebens ! Und ich verspreche Dir auch die nächsten Jahre werden Wir beide zusammen verbringen **&** es werden wundervolle Jahre ! Ich werde für

immer an deiner Seite stehen und egal was sein mag .. ich werde **immer** zu Dir halten und Dich niemals im Stich lassen ! Ich merke einfach wie verdammt viel Du mir bedeutest ; wenn ich nur einmal dein strahlend schönes Lächeln sehen kann ! Denn das macht Mich zum glücklichsten Menschen auf der ganzen Welt ! Egal wie viele **&** welche Probleme Wir haben ; wir schaffen einfach alles **zusammen** ! Du machst mein Leben zu dem was es ist .. ! Ich Liebe Dich schaatz ! Ich Liebe Dich so sehr dass man es gar nicht mehr in Worte fassen kann ! Danke ! Danke einfach für alles was Du jemals für Mich getan hast ! Ich bin immer für Dich da mein **Hase** ! Denn diese Freundschaft endet einfach Niemals ! **5** Jahre und für Immer <3

3.7 Der Wechsel zu Facebook im Jahr 2010 – im Bann permanenter Interaktion

Facebook, das 2008 auch in der deutschen Version online ging, war bisher im studentischen Milieu angesiedelt, gewann aber seit Ende des Jahres 2009 in Deutschland kontinuierlich Nutzerzahlen hinzu und verdrängte etablierte Social-Media-Formate. Spätestens mit dem Ende der Sommerferien 2010 überschritt Facebook auch unter Teenagern die kritische Masse an Accounts und überholte neben den kleineren Seiten auch die große VZ-Gruppe. SchülerVZ ging im April 2013 vom Netz.

Ausschlaggebend für eine erfolgreiche Bindung der jüngsten Generation ist nicht allein der mediale Hype um eine Onlineplattform, denn dann hätten sie scharenweise auch zu Twitter überlaufen müssen, sondern die Frage, wo der Freundeskreis anzutreffen ist. Facebook war bereits eine internationale Netzwerkseite unter den 18- bis 35-Jährigen, bevor die jüngeren Altersgruppen für einen sprunghaften Zuwachs an Nutzern sorgten. Relativ gleichzeitig und spontan meldeten sich viele Schüler an, um mit Ferienbekanntschaften, Austauschpartnern, neuen Freunden von einer Sprachreise oder Cousins aus anderen Städten, in Kontakt zu bleiben. Die Wahl eines Pseudonyms war wenig verbreitet, und so konnte eine Lena Meier ihre Freundin aus der spanischen Partnerschule unter vielen Emilia Garcias auch problemlos finden. Viele Schüler hatten Mitte des Jahres 2010 bereits einen Account bei Facebook, und das weckte die Neugierde der übrigen Freunde. Plötzlich galt Facebook als *cool* und in den Gästebüchern auf *fs-location* waren in den Sommermonaten 2010 solche Bemerkungen zu lesen:

* stephieee :DD ich hab einen gaaanz tollen status in facebook 😁 < 333333
* haaaaaaaaaaaaaaaaaaaaaallo ?! :DDDD nachher lust auf gemeinsames „familien im brennpunkt" schaun (; du liest des eh nich (wer geht denn noch regelmäßig in fsl) also call ich dich nachher mal :DDDD <3 <3 <3

Im Jahresvergleich hat fs-location eine Größenordnung von über 40 Schulklassen an Facebook verloren. Was sich für den Großraum Freising anhand von Nutzerdaten nachweisen ließ, gilt im Grunde für alle schülernahen Onlinenetzwerke. Eine Zeit lang wurde das alte Profil noch parallel genutzt, aber schon bald hatten sich die virtuellen Aktivitäten komplett auf Facebook verlagert.

Dass nun sämtliche Interaktionstools alle in einem Onlinenetzwerk enthalten sind, kommt als bindendes Moment zum Tragen. Etablierte und auch neue Funktionen sind auf Facebook vereinigt: Chat, private Nachricht, Pinnwand, Statusmeldung, Foto- und Video-Upload, Liken (Gefällt-mir-Button) und Kommentieren, Verlinken, Markieren und Anstupsen. Jede öffentliche Aktion der befreundeten Nutzer wird auf dem eigene Profil angezeigt, wodurch die Aufmerksamkeit stark beansprucht wird. Nachdem sich die Facebook-App für internetfähige Smartphones verbreitete, ist inzwischen fast die ganze Schule wie auf einem virtuellen Pausenhof rund um die Uhr online. Direkt vom Handy und unbegrenzt werden Fotos hochgeladen, was eine Flut an Bildern freisetzt, die die bisherige Selbstdarstellung noch einmal deutlich übertrifft. Die vielen Likes und Kommentare zu jedem neuen Foto sind wie ein Pegelmesser für die Beliebtheit in der Schulklasse.

Der Erfolg von Facebook bei den Jüngsten liegt nicht an seinem internationalen Nimbus. Auf den ersten Blick setzt sich die Facebook-Freundesliste einer 14-Jährigen zwar vielschichtiger zusammen als noch in der Zeit von schülerVZ und lokalisten, denn nun ist sie auch mit Verwandten, Bekannten und Freunden von Freunden online vernetzt. Bei näherem Hinsehen ist der soziale Raum, der durch ihre tägliche Interaktion entsteht, aber gleich geblieben. Den Nachbarn auf Facebook zu entdecken, ist ein einmaliger Spaß, kein dauerhaftes Vergnügen, und der Trainer gibt in der Volleyballgruppe lediglich Termine bekannt. Trotz des globalen Flairs interagieren die Teenager wie vorher innerhalb ihres schulischen Umfelds. Nur ein paar Urlaubsfreunde, Cousins und Austauschpartner kamen bei den meisten hinzu, sie rückten aber nach den Sommerferien schnell an den Rand der Wahrnehmung.

Innerhalb der sozialräumlichen Ausdehnung einer Altersgruppe – in etwa die Klassenstufe 7 bis 9 eines schulischen Einzugsgebietes – werden Freunde auf Facebook *geaddet* (hinzugefügt). Über 500 Freunde sind keine Seltenheit, aber nicht nur wegen des Prestiges. Früher konnte man in den meisten Netzwerken einfach Profile und Gästebücher durchstöbern. Das Facebook-Prinzip beruht hingegen auf ständiger Interaktion und transparenter Vernetzung. Man muss miteinander befreundet sein, um vom anderen Pinnwand, Fotos und Kommentare sehen zu können. Wer sich nicht aus den Augen verlieren will, befreundet sich auf Facebook, weshalb fast der komplette Wahrnehmungshorizont zur Freundesliste wird. Das Kontaktieren sämtlicher Mitschüler verliert schnell die Bedeutung einer „Freundschaftsanfrage", sondern ist schlichtweg ein Vernetzen. Jeder Kommentar und jedes neue Foto wird nun unter Umständen tausend Freunden bzw. Kontakten als Neuigkeit angezeigt. Das Sozialverhalten in Klassengemeinschaften wird so noch einmal transparenter.

Was Datenschützer auf die Palme bringt, wird für viele Mädchen zum Eldorado. Es geht nicht mehr nur um Beziehungsarbeit und die Positionierung innerhalb der Mädchencliquen und Schulklassen, sondern nun beginnt mit jedem neuen Selfie das Schaulaufen über den virtuellen Pausenhof. Hübsche Mädchen bekommen viele Likes für ihre Fotos (Abb. 3.2). Die mediale Barriere für Kontaktaufnahmen ist mit dem Liken als Minimalgeste für Anerkennung so gering wie nie zuvor.

Abb. 3.2 Selfies für Facebook, Instagram und WhatsApp © privat

Was für den engeren Freundeskreis bisher das Gästebuch war, verlagert sich in die Kommentarfunktion. Unter jedem neuen Foto eines Mädchens überbieten sich die Freundinnen gegenseitig mit ihren Huldigungen. Die ständige Konfrontation mit solchen Sätzen lässt auch immer mehr Jungen mit einstimmen. Sie beschränken sich in der Regel auf ein *wow, bist du hübsch* und ein Begeisterung ausdückendes Smiley *___*, gefolgt vom *danke* ♥ des Mädchens.

Auch wenn die beste Freundin nicht mit auf dem Foto ist, wird sie darauf markiert, zum Beispiel an der Stelle, wo die Hände des Mädchens ein Herz formen. *Für immer deins*, steht dann in dem markierten Feld. Das Anstupsen und Liken, das Kommentieren, der Gruppenchat oder das Markieren auf Fotos können zusammengenommen mehr sozial-kommunikatives Potenzial freisetzen als ein realer Schulvormittag. Noch sichtbarer wird nun, wie gut der Einzelne in einen Freundeskreis oder eine Klassengemeinschaft integriert ist.

Jede eigene öffentliche Aktion wird jedem befreundeten Nutzer in einem kleinen Fenster auf seinem Profil angezeigt. Im Sekundentakt sind dort Nachrichten zu lesen wie:

* Laure commented on her own photo: „Merci Amelle ♥ !"
* Amelle commented on Laure's photo: „Je vous aimes ♥ ♥"
* Julia changed her profile picture
* Anna and Fabi are now friends
* Leander likes Lena's status
* Sara commented on Nicole's post on Sara's wall: „danke schön, es ging einigermaß…"

In der deutschen Spracheinstellung wurde aus dem Like-Button der Gefällt-mir-Knopf. Entsprechend ist dann zu lesen:

* Jonas gefällt Annas Foto
* Sophie hat Andreas Foto kommentiert: „*___* du wunderschönes"
* Alina gefällt Laras Beitrag auf Antjes Pinnwand
* Tobias gefällt dein Kommentar zu Annas Foto-Album

Wenn Interaktion schneller und transparenter wird, vieles gleichzeitig passiert, mehrere Chatgespräche parallel laufen und sämtliche Freunde mit ihrem Smartphone dauerhaft online sind, bleibt weniger Zeit für die schriftliche Artikulation großer Gefühle. Wenn die beste Freundin zu jeder Zeit online ist, fehlt die Gelegenheit, ihr einen langen Eintrag zu schreiben. Und wer selbst nur noch das Smartphone nutzt, kann auch nicht mehr so bequem lange Texte tippen. Hinzu kommt, dass die Textlänge für Mitteilungen auf der Facebook-Pinnwand bis 2012 begrenzt war, aber vor allem passte die zentrale Position dieser Präsentierfläche nicht zur teilweise öffentlichen Kultur der langen Gefühlsoffenbarung. Was ehemals an die beste Freundin und indirekt auch an die Clique und Klassenöffentlichkeit gerichtet war, würde nun als Neuigkeit ganz oben prangen und hunderten Kontakten angezeigt werden.

Der Kult *Schulmädchen mit bester Freundin* prononciert nun das hübsche, allgemein beliebte Schulmädchen, während die Inszenierung der Mädchenfreundschaft etwas an Priorität verlor. Die Schönheit und das Modelpotenzial jedes einzelnen Cliquenmitglieds steht nun im Vordergrund. Das oft aktualisierte Profilfoto wird zum Anlass, den Kontaktlevel in der Clique hochzuhalten, denn sofort drücken die Freunde auf *gefällt mir* und kommentieren das Bild. Nur wer mitmacht, wird auch bemerkt, und zugleich dient die geringe Halbwertszeit der Selfies dazu, regelmäßig die Beliebtheit in der Clique auszuloten. Je mehr Mädchen sich gegenseitig wegen ihres Aussehens bewundern, desto eindrucksvoller wird die Liste der Kommentare zu jedem einzelnen Foto.

Beispiel Connie:	Beispiel Heidi:
Mädchen 1: *oh mein gott *o**	Mädchen 1: *Wundervoll *-**
Mädchen 2: *Wunderschöö-ön :)*o**	Heidi: *danke :)* ♥
Connie: *danke !! ;** ♥	Junge 1: *hübsches kleines ding* ♥
Mädchen 3: *wunderschön* ♥	Mädchen 2: *Du hübsche Süße* ♥
Mädchen 4: *boooooah connie hör mal auf so schön zu sein!! :o* ♥♥	Heidi: *hihi danke :) hübsches großes Ding* ♥
Connie: *danke :)*	Heidi: *danke :)* ♥
Mädchen 5: *Ja ich habs gut hinbekommen das foto :DD* ♥!	Mädchen 3: *boaah du bist so hübsch :))* ♥
Connie: *psscht geheimnis :p*	Mädchen 4: *Wundervoll* ♥!
Mädchen 5: *schee bisd< 3*	Heidi: *danke :)* ♥
Mädchen 6: *model!*	Mädchen 5: *bombe :**
Connie: *pff, selber :)*	Heidi: *na dann stell mal deins rein dann sehn wir wer die bombe ist* ♥ :P
	Mädchen 5: *haha :D* ♥
	Mädchen 6: *wundervoll *.** ♥
	Heidi: *danke :)*

Beispiel Sandra:	Beispiel Anna:
Mädchen 1: *Voll Hübsch Süße !* ♥	Mädchen 1: *hübsch* ♥
Sandra: *Danke mein schatz du aber auch* ♥ *ich vermisse dich*	Anna: *danke* ♥
Mädchen 1: *aaai süß danke / Jcch dich auch :/* ♥	Mädchen 2: *SEHR HÜPSCH !!* ♥
Mädchen 2: *Voll Hüpsch (:* ♥	Anna: *dankee schatz* ♥
Sandra: *Dankeschöön (:* ♥	Mädchen 3: *hab ich gemacht *_* ich liebe dich meine hübsche* ♥
Mädchen 3: *woow. süße desist wunderschöön*	Anna: *jaja ;D ich dich auch hübscheste* ♥
	Junge 1: *wunderschön!*
	Anna: *dankedanke ;)* ♥

Beispiel Sandra:	Beispiel Anna:
Mädchen 4: *Weil du einfach die Wunderhübscheste Zwillingsschwester bist die ich habe* ♥♥	Junge 2: *hübsch hübsch* ♥ Anna: *danke*♥
Mädchen 5: *Oiidaa du bist soou hübsch :O* ♥♥ *krass :)*	
Sandra: *Danke das sagt die richtige :P* ♥♥	
Mädchen 5: *Muui du bist süß!!! ;)* ♥♥	

Das öffentliche Ausloten der eigenen Beliebtheit erzeugt die eigentlichen Stressoren für eine sehr große Zahl an Schülerinnen. Vermutlich ist weniger das offensive Mobbing ein flächiges Problem, sondern mehr dieses gegenseitige Evaluieren anhand von Kommentaren zu Profilbildern. Man muss ständig die Kontrolle darüber behalten, dass sich der süßliche Tonfall in den *Kommis*, wie die Mädchen sagen, nicht abschwächt. Und nichts wäre peinlicher als ein Selfie, das minutenlang keiner kommentiert.

Obwohl Facebook eine mediale Zäsur bedeutet, sind nicht sämtliche Standardisierungen der *Schulmädchen*, die sich in der Blütezeit von schülerVZ & Co herausgebildet hatten, verschwunden. Doch die emotionale Tiefe der Gästebucheinträge reduzierte sich auf ein eher belangloses Geschnäbel und den höflichen Wechsel aus *wunderschön *-* ♥* und *danke (: du aber auch schatz ♥*. Neu sind Smileys, die mit zwei Sternchen als Augen gebildet werden, wie zum Beispiel *-* und *o* oder *_____*. Glänzende, weit aufgerissene Augen sollen das Entzücken *moiii süüüß* angesichts des neuen Profilbilds der Freundin noch unterstreichen.

Das Smartphone mit der Facebook-App ist für manch ein Mädchen wie ein verlässlicher Spiegel. Kaum steht mit einem eben hochgeladenen Selbstporträt die unausgesprochene Frage „Findet ihr mich hübsch, habt ihr mich lieb?" im Raum, kündigte das akustische Facebook-Signal schon die erste Bestätigung aus der Schar der Freundinnen an: *Moi *_* Du bist so süß das es unbeschreiblich ist ;3* ♥♥♥. Und dann geht es Schlag auf Schlag. Sinngemäß lautet die Botschaft: Du bist beliebt, und du hast viele Freundinnen, die dich lieben, und sogar ein paar Verehrer. Hinzu kommen noch die vielen zusätzlichen Likes aus dem weiteren Umfeld.

Zusammen mit dem neuen Selfie werden oft tiefgründige Sprüche gepostet:

> for the world you are someone but for someone you are the world. Menschen verändern sich nicht, du fängst nur an, ihr wahres Gesicht zu sehen. Ein Freund ist ein Mensch, der dein Lächeln sieht und trotzdem spürt, dass deine Seele weint.

Sie dienen als Feigenblatt der Eitelkeit. Natürlich wird anschließend nicht der Spruch, sondern das Profilbild bewundert.

Der Erfolg von Facebook bei Mädchen wird erst ersichtlich, wenn man sich mit ins Getümmel stürzt. Die auf Telefonbefragungen basierende JIM-Studie 2010 sieht die Ursache für den Erfolg in der internationalen Reichweite und dem Aufweichen von Altersgrenzen. Dies erklärt vielleicht den anfänglichen Coolnessfaktor von Facebook, der den kleinen Netzwerken zum Verhängnis wurde, aber der Grund für die enorme Bindungskraft von Facebook speziell unter Mädchen ist die optimale Befriedigung narzisstischer Bedürfnisse.

Die medialen Voraussetzungen auf Facebook haben es geschafft, die Intersubjektivität im Freundinnenzweiergespann ein wenig zu lockern und die Aufmerksamkeit der *Schulmädchen* auf größere Seilschaften in Mädchencliquen zu richten. Die Symbiose allerbester Freundinnen und der Ich-liebe-dich-Stil wurden nicht vollständig verdrängt, aber sie beschränken sich auf gelegentliche Bussi-Fotos zu zweit, neben denen als Kommentar * *ich liebe dich* ♥ und als Antwort *ich dich auch schatz* *_* ♥ geschrieben steht. Der Rest der Mädchenclique hat als Zuschauer nicht viel Veranlassung, das Bild trauter Zweisamkeit etwa mit *süß ihr zwei* ♥ *lieb euch sooooooooo Doll :** zu kommentieren. Besser ist da ein Gruppenfoto, auf dem die ganze Clique verlinkt ist, denn das erzeugte virale Aufmerksamkeit und weckt Begehrlichkeiten, ebenfalls verlinkt zu werden.

Ein einfacher Blick über die deutschen Landesgrenzen zeigt, dass überall dort, wo Mädchen einen eigenen Internetzugang haben und den ganzen Tag unter Gleichaltrigen sind, sehr ähnliche Muster entstehen. Erst als Facebook auf den Plan trat, fiel das Sozialverhalten der Mädchen auch Erwachsenen auf, denn nun bestand erstmals ein wenig virtueller Kontakt zwischen den Generationen. Folglich stießen Journalisten, die sich für Facebook interessierten, auch auf die Schulmädchen. *Der Spiegel* (19, 2012) schrieb in dem Artikel „Planet der Freundschaft" allgemein über Facebook, doch ein Absatz ist der aktivsten Nutzergruppe gewidmet:

Für ein hübsches Mädchen ist es auf Facebook der Normalzustand, umschwärmt zu sein. In der Regel beschränkt sich das aber auf den Freundeskreis: Dieser bekommt häufig neue Profilbilder präsentiert und tritt dann zur Parade der Huldigungen an: „wie ein Moddel" – „wundeeeerhüüübsch" – „sehr schön :)" – „selber:)" – „Schönes Mädchen" – „hüpschee" – „Wie hübsch du bist" – „Dankeschön:)" – „Schönee". Das Liebgetue unter Mädchen ist epidemisch: Lang und länger werden die Ketten der Kommentare, immer noch eine „Hüpschee!" und zwölf Herzchen dazu. Bei den Jungen geht es anders zu. Dort gibt es Kommentarfolgen wie „Scheiß Dortmund!"

Die Welt der sozialen Medien ist schnelllebig. Auch Facebook ist nicht für immer Stand der Dinge. Im Jahr 2010 führte der erste Weg nach der Schule zum Laptop, um auf Facebook sofort wieder unter den Freunden zu sein. Fünf Jahre später wischen fast alle Schüler über ihr Smartphone und versenden häufiger Nachrichten über WhatsApp als über Facebook. Die JIM-Studie 2013 beziffert für die 12- bis 19-Jährigen Smartphonenutzer einen Anteil von circa 60 %, die die Facebook-App installiert haben, und im Vergleich dazu circa 80 %, die WhatsApp nutzen.

Der Spiegel (52/2013) schreibt „Facebook ist für Opa" und meint damit, dass inzwischen sämtliche Altersgruppen auf Facebook zugange sind. Der einzelne Schüler ist dort online, wo seine Freunde sind, aber insgesamt schaffen sich Teenager doch immer wieder eine altershomogene Sphäre wie einst auf schülerVZ und lokalisten. Neue Medien werden das Verhalten in Mädchenfreundschaften weiter beeinflussen und soziale Schnittstellen in Schulklassen bilden.

Literatur

Der Spiegel (2012) Planet der Freundschaft. 19:124

Der Spiegel (2013) Facebook ist für Opa. 52:122

Voigt M (2015) Mädchenfreundschaften unter dem Einfluss von Social Media. Eine soziolinguistische Untersuchung. Peter Lang, Frankfurt a. M.

Wright PH (1969) A model and a technique for studies of friendship. J Exp Soc Psychol 5:295–309

4

Resümee: Online ist „realer" als offline

Die Schulmädchen empfinden ihren Onlineauftritt nicht als übertrieben oder geschönt, sondern als authentisches Abbild von sich in ihrem Umfeld. Erst aus der Perspektive eines Beobachters entstehen Zweifel, ob immer ähnliche Selbstdarstellungen in Serie authentisch sein können. Es gibt keine objektiven Kriterien für Authentizität. Teenager suchen sich die Facetten ihrer Identität lediglich innerhalb engerer Kontexte zusammen als Erwachsene. Sie wählen Identitätsbausteine aus einem Repertoire des in ihrem Umfeld sozial Akzeptierten. Je ausschließlicher sie sich an Gleichaltrigen orientieren, umso eingeschränkter wird die Auswahl, umso intuitiv sicherer wollen sie sein, dem Geschmack ihrer Bezugsgruppe zu entsprechen. Selbst Gefühle unterliegen einer kulturellen Überformung.

Warum ist dann von Inszenierungen die Rede? Dem Begriff der Inszenierung haftet die Vorstellung an, dass etwas vorgetäuscht wird. Gemeint ist hier aber eher eine Dokumentation, in der die Mädchen Aspekte hervorheben, die ihnen besonders wichtig sind. Sie haben ihr Handy immer griffbereit und fotografieren das, was sie allen Freunden zeigen wollen, nämlich, dass sie hübsch und beliebt sind. Ganze Onlinealben zeigen, wie sie allein oder mit Freundinnen im Bad, beim Shoppen, in der S-Bahn, am Strand und oft ganz ohne äußeren Anlass in die Kamera grinsen.

Mädchen setzen sich und ihre Freundschaften in Szene, weil ihnen das wichtig ist. Ihr Aussehen, ihre beste Freundin und ihr sozialer Status in Bezug auf Gleichaltrige sind die zentralen Bausteine ihrer Identität. Was für Außenstehende gekünstelt erscheint, ist für sie ein in Szene gesetztes, aber ehrliches Abbild ihrer Lebenswelt. Das Muster ineinandergreifender Beziehungsarbeit und Identitätskonstruktion lautet in einem Satz „Ich und meine Freunde", wobei das Ich im Vordergrund steht. Trotz dieser Egozentrik hat die Betonung von Individualität keine große Bedeutung. Eine Studie über die Teenager im neuen Jahrtausend spricht von „flexiblen Bindungskünsten", die garantieren sollen, „niemals auf sich alleine gestellt sein zu müssen. Die Anpassungsfähigkeit wird daher wichtiger als die Individualität" (Grünewald 2007, S. 10). Bemerkenswerterweise bezieht sich diese Einschätzung auf eine Zeit knapp vor dem Social-Media-Boom.

Natürlich wurde in den Gästebucheinträgen nicht das Serielle, sondern das Einzigartige einer Freundschaft betont. Wenn ich Mädchen während Befragungen mit typischen Einträgen und Selfies konfrontierte, hieß es erst einmal abwehrend: „Ich schreibe nicht so, ich bin nicht so!" Als klar war, dass ich sie nicht bloßstellen wollte, erklärten sie mir, worin sie sich von den *oberflächlichen Bitches* unterschieden. Als Maßstab dienten ihnen die Mädchen aus ihrem sozialen Umfeld und ihr Gespür für das soziokulturelle Konzept „Schulmädchen mit bester Freundin". Anpassung erfolgte eher unbewusst, denn wer etwas auf sich hielt, hatte seinen *eigenen Style*. Der bestand weniger darin, etwas auffallend Eigenes in die Inszenierung zu legen, sondern vielmehr darin, den Anschluss nicht zu verlieren. Lediglich innerhalb des Rahmens zwischen mädchenhaft süß und *sexy bitch* wurde ein wenig variiert.

In den USA erforschte Danah Boyd (2008) die ersten Jahre von MySpace und Facebook auf ähnliche Weise wie ich in Deutschland. Anstatt Fragebogen zu verschicken, sah sie sich vor Ort um, und so fielen ihr auch die Anpassungseffekte in vernetzten Mädchencliquen auf:

> As teens surf each other's profiles, they get a sense for what is common among their peer group and they often craft their profiles to reinforce these norms. Girls who have "sexy" photos tend to have Friends who also choose this style of photo (Boyd 2008, S. 136).

Die Normen der Jugendkultur wurden in das Selbstbild integriert, weshalb das Übernommene kaum noch als Symbol für Zugehörigkeit erkannt werden konnte. Für den erwachsenen Betrachter entstand eine Diskrepanz zwischen der so selbstbewusst inszenierten Individualität und der augenscheinlichen Gleichförmigkeit. Beispielsweise bezeichneten sich Mädchen auf ihren Selfies als *Einzelstück* oder sie wählten für ihre Nicknames eine Kombination mit *Crazy*- wie *CRAZYCHiiCKA, CrazyPriiincess, crazygirlyx3, crazy biiatch* oder *Craziii PrinZzeSs*. Individualität als Schablone und ein wenig liebenswürdige Verrücktheit gehörten dazu, ohne dabei aber negativ aus dem Konzept Schulmädchen zu fallen. Boyd (2008) beschreibt die Identitätsbildung in Abhängigkeit von Gleichaltrigen an einem bekannten Beispiel:

> This practice is akin to fashion in unmediated settings, where it is common for teens to choose clothing that is generally of the same style as their peers but where wearing the exact same clothes as their friends is taboo (Boyd 2008, S. 136).

Ein Mädchen entwickelt sein Selbstbild, indem es sich mit den Augen derjenigen betrachtet, denen es gefallen will. Manchmal macht es ein verrücktes Selfie, manchmal ein etwas gewagtes und gerne eines, das es mit seinen Freundinnen zeigt. Jedes Bild unterstreicht andere Facetten seiner Persönlichkeit, und das gesamte Onlinefotoalbum zeigt ziemlich genau, wer das Mädchen ist. Dieses Selbstbild basiert zwar auf den verinnerlichten Standards seiner Altersgruppe, aber das Mädchen selbst bemerkt seine Sozialisation nicht. Es empfindet sich als unbeeinflusst und seine Selbstdarstellung als originell. Die langen Einträge meint es ernst, und es stört sich nicht daran, dass viele Mädchen ihre Gefühle sehr ähnlich formulieren, weil das doch ganz normal ist.

Vor einigen Jahren, als die meisten Eltern und Lehrer noch nicht auf Facebook waren, konnten einige Erwachsene kaum nachvollziehen, dass die sozialen Medien für Teenager keine Spielwiese waren, auf der sie sich mehr oder weniger anonym „ausprobieren" konnten. Inzwischen ist bekannt, dass in den schülernahen Onlinenetzwerken genau dieselbe soziale Realität gilt wie im Klassenzimmer. Die Qualität einer Freundschaft, das Aussehen und die Beliebtheit in der Klasse werden direkt vergleichbar.

Eigentlich kann man sogar sagen, dass solche Plattformen wie Jappy oder fs-location ein Stück weit „realer" sind als die Offlinerealität, denn online werden Fakten geschaffen. Auf den virtuellen Bühnen wird die Wirklichkeit nicht nur medial festgehalten, sondern auch konstruiert. Allein schon die Angaben auf den Nutzerprofilen kann die soziale Struktur in einer Schulklasse definieren. Allerbeste Freundinnen geben als Beziehungsstatus *verheiratet* an, aus den anderen Freundinnen in der Clique werden Schwestern und die übrigen Mädchen aus der Klasse stehen mit den Jungs zusammen in der normalen Freundesliste.

Welche Aussagekraft dem online Gezeigten beigemessen wird, zeigt die Versöhnungsgeste der 15-jährigen *FaShii0n PriiNceSs* im Gästebuch von *LaDy sTyLe DeLuXe*:

hallu mein shadz

ich hab nachgedacht .. tut mir alles leid … ;/ ich will dich doch nicht verlieren !! weil ohne dich auch kein mich ist !! && das hoff ich weißt du auch !!… du bist mein ein && allez ohne dich kann ich nicht ! du weiß ohne dich geht bei mir allees kaputt ohne dich ne nee ohne dich gehts nicht !! ich hab dir ja schon mal gesagt wie wichtig du mir bist im gegensatz zu den anderen (;… ich hoff du weiß was ich meine .. =DD und die pm die ich dir geschrieben habe ich hoffe das das klappt gäh !! =DD das wäre schon geil und so .. x33 weil ich will dich doch zurück haben .. so wie früher als wir jeden tag zusammen waren jeden tag uns iwelche unintressanten geschichten erzählt haben .. x3 vor der cam vom stuhl gefallen sind .. das war enifach unsere zeit da wo wir beide einfac unzertrennlich waren einfach das absolute dremteam waren und du weißt ganz genau das das wegen dem einen foto daaa was du mir gesagt hast in msn das ich mit der nicht das absolute dremteam bin ich hab das foto nicht bearbeitet …!! du weißt das du immer noch die einzigste für mich bist <3 und dich keiner einfach so mal schnell ersetzen kann . es kann nicht einfach eine neue in meinem leben eeintreten und dich ersetzen das geht niiisch !!! aber wie es wie früher wird.. ich hab keine ah. wie das klappen soll . . ?!

ich weeiß es halt echt nicht .. ich weiß nix mehr über dich & du nicht mehr über mich .. wie dus so schön gesagt hast .. aber du weißt das ich mein Mund Lieber geschlossen lasse und nicht einfach so los rede über mich und mein gefühL .. aber du denkst ja das ich das tue .. was eig gar nicht so ist . .

omfg wenn sich jemand anderer den gb durchliest was ich hier schreibe naja wenn die lw haben mir auch egal xDD ich hoffe das klappt mit dienstag & du brauchst keine angst zu haben ;D . . weil heute nacht hab ich davon geträumt das ich end den krassen unfall hatte mit meiner Maschiene .. hmmh . war dannnach im kh .. oO und keiner kam mich besuchen jaja .. ^.-

boaah ich bin soo cool ich hab 2 std später =D ich schrebi jez schon end lang an deinem gb . . seid um kurz nach 8 =D aber is mir egal ich bin schon fertig und so ! egal mein engel interessiert dich ja eeh nisch =D .. soo also du weißt das ich dich niemals verliren will !! das ich dich niemals einfach so schnell her geben werde !! das niemand unsere freundschaft trennen kann !! das du mein ein und alles bist !! das du mein leben bist !! das du mein Luulatsch bist !! das ich einfach immer sagen kann du bist meine beste freeundin !! eine wahre beste freundin ! ich LAss dich niemals so einfach gehen !! Keiner kann uns trennen !! weil wer das probieren will boaah ;S.. das schafft man so schnell schon gar nicht !!! und ja .. nochmal es tut mir leid für alles was ich getan und gemacht habe ! ich hoffe es wird echt wieder alls wie früher wo wir DAS TRAUMPAAR in seinen augen waren !! du verstehst mich schon meine zwillingsis ☺

i Love uuh !!

Sich gemeinsam zu fotografieren ist eine der Lieblingsbeschäftigungen bester Freundinnen (*als wir jeden tag* [...] *vor der cam vom stuhl gefallen sind .. das war enifac unsere zeit da wo wir beide einfac unzertrennlich waren*). Es macht vor allem deshalb so viel Spaß, weil man sich schon während des Shootings darauf freut, den anderen die lustigsten und hübschesten Bilder zu zeigen. Vorher werden sie noch mit GIMP oder Photoshop bearbeitet, bis daraus ein kleines Kunstwerk wird, und um die Zusammengehörigkeit eines *Dreamteams* zu unterstreichen, kommt noch ein Schriftzug auf das Bild: *ich lass dich niemals los!!! weil ich dich liebe für immer <3.*

Wenn nun plötzlich die beste Freundin mit einem anderen Mädchen solche Fotos macht, kann das einer kriselnden Mädchenfreundschaft den Rest geben. *FaShiiOn PriiNceSs* will verhindern, dass es soweit kommt, und erklärt: *ich hab das foto nicht bearbeitet...!!* Gemeint ist ein Foto, auf dem sie mit einem anderen Mädchen *in msn* (Microsoft Network) zu sehen ist. Offenbar hat dieses Mädchen versucht, mit den toll bearbeiteten Bildern eine Freundschaft online zu bekräftigen. Vielleicht kann *FaShiiOn PriiNceSs* den Fauxpas wieder gut machen. Sie schreibt in ihrem langen Eintrag: *du weißt das du immer noch die einzigste für mich bist <3 und dich keiner einfach so mal schnell ersetzen kann . es kann nicht einfach eine neue in meinem leben eeintreten* [....].

Die Beschreibung der glitzernden Oberfläche von online inszenierten Mädchenfreundschaften schließt mit diesem Beispiel, das noch einmal zeigt, wie verzahnt die medialen und sozialen Komponenten in der Lebenswelt der Digital Natives sind. Diese Feststellung ist kein Widerspruch zum zweiten Teil des Buchs, in dem die sozialen Medien lediglich als Bühnen betrachtet werden, die wenig Einfluss darauf haben, was auf ihnen inszeniert wird.

Mädchenfreundschaften, so wie sie sich in den langen Einträgen der Schulmädchen darstellen, offenbaren in der Tendenz Unsicherheiten trotz größter Gefühle, Instabilität trotz symbiotischer Verstrickungen, also insgesamt ein vereinnahmendes, von Verlustängsten geprägtes Bindungsverhalten. Die Selbstdarstellung auf Fotos perfektioniert ein sexualisiertes Kindchenschema. SchülerVZ und Facebook können nichts für diese Entwicklung. Auch Smartphones sind nicht schuld daran, dass bereits Sechstklässlerinnen mit sexy Selfies auffallen. Wo liegen die tieferen Ursachen? Ist allein Modelmama Heidi Klum schuld an dem rigorosen Schönheitsideal, weil sie jedes Jahr im Fernsehen dutzende Mädchen nach ihrem Aussehen selektiert? Ist der Hunger nach Bestätigung einfach nur pubertäre Eitelkeit?

Literatur

Boyd D (2008) Taken out of context. American teen sociality in networked publics. University of California, Berkeley. www.danah.org/papers/TakenOutOfContext.pdf

Grünewald S (2007) Jugend 2007 – zwischen Versorgungsparadies und Zukunftsängsten. http://www.stephangruenewald.de/fileadmin/downloads/36069_Jugend_Booklet.pdf

Teil II

Das Schulmädchensyndrom

Du bist wie eine Familie für mich

Der Phänomenbeschreibung im ersten Teil folgt nun die Interpretation. Ohne zu wissen, wie es um das einzelne unter hunderten Mädchen bestellt ist, deren Einträge ich untersucht habe, kann ich Tendenzen in ihrer psychosozialen Konstitution als Gruppe feststellen. Zusammengefasst weisen die Selbstdarstellungen 12- bis 16-jähriger Mädchen folgende Symptome auf:

1. Narzisstisch anmutende Selbstdarstellungen eines sexualisierten Schönheitsideals,
2. Regression ins Kindliche bei gleichzeitiger Selbstsexualisierung,
3. symbiotische Mädchenfreundschaften nach standardisierten Mustern,
4. primäre Orientierung an Gleichaltrigen, Assimilation in die schulische Bezugsgruppe und Ausprägung des einheitlichen Schulmädchentypus,
5. intime Gefühlskommunikation in der Öffentlichkeit als kulturelle Norm,
6. insgesamt eine Kultivierung solcher Verhaltensweisen, wie sie für die histrionische Persönlichkeitsstörung beschrieben sind, besonders:

7. Liebesbekundungen, die zwischen moderner Höflichkeit und hochemotionalen Beschwörungs- bzw. Beschwichtigungsformeln liegen,

8. dramatisierte Verlustängste und nahezu tägliches Bestätigen von Verbundenheit,

9. gegenseitige Huldigungen und Evaluation der Freundinnen im Hinblick auf die Jahrgangsstufe.

Diesen neun Punkte umfassenden Symptomkomplex bezeichne ich als Schulmädchensyndrom. Seine Ursachen sind vielfältiger als die Digitalisierung sozialer Bereiche und liegen in der Lebenswelt der Schulmädchen begründet.

Analytische Ansatzpunkte bietet die Bindungsforschung. Sie legt im Gegensatz zu anderen psychoanalytischen Schulen wie etwa Freuds Trieblehre ein Hauptaugenmerk auf die Eltern-Kind-Bindung als Voraussetzung für seelische Stabilität im Reifungsprozess vom Kind zum Erwachsenen. Eltern, die in ihrer Erziehung Halt und Orientierung bieten und die in verlässlichen, dem Alter des Kindes angepassten Zeiträumen emotional anwesend sind, haben in der Regel ein feinfühliges Verhältnis zu ihren Kindern. In den ersten Lebensjahren wird durch bedingungslose Annahme ein gesundes Selbstwertgefühl und das Gefühl sicherer Bindung entscheidend geprägt und bis in die Adoleszenz weiter gefestigt. Vor allem eine sichere primäre Bindung an die Mutter ist der entscheidende Stabilisator für das seelische Gleichgewicht und eine schrittweise Lösung vom Elternhaus. Treten im Inneren des familiären Schutzraums Spannungen auf oder wird durch traumatische Erlebnisse die Eltern-Kind-Bindung nachhaltig gestört, kann sich dies auf das Sozialverhalten der Kinder auswirken.

5

Das Schulmädchensyndrom in der öffentlichen Wahrnehmung

Meiner eigenen Analyse möchte ich ein paar Notizen aus der öffentlichen Berichterstattung zum Verhalten der Schulmädchen voranstellen.

Ende der 1990er Jahre bis 2003 herrschte landesweit Aufregung, weil sämtliche Mädchen bauchfrei in die Schule kamen und sukzessive die Tops immer kürzer wurden. Probleme bereiteten weniger die jungen Frauen aus den elften und zwölften Klassen, sondern die Mädchen aus den siebten, achten und neunten Klassen. Schließlich wurden Dresscodes erlassen. Die Mode wandelte sich. Einmal waren es Hotpants, die den Po nicht ganz bedeckten, einmal seitlich stark ausgeschnittene Shirts, die den Blick auf den BH freigaben. Immer wieder gab es Diskussionen über die „Kleiderordnung an Schulen: Bauchfrei im Klassenzimmer" (Spiegel Online 2003).

Mit Facebook wurde auch die virtuelle Inszenierung ein Thema. In dem Artikel „Frau Effenberger gefällt dein Foto nicht" (F.A.Z. 2014b) wird eine Lehrerin zitiert, die ein Foto ihrer 13-jährigen Schülerin kritisiert:

Sie hielt ihre Hände vor die Brüste der Freundin und streckte die Zunge heraus. Ich drohte der Schülerin, ihre

Eltern zu informieren, wenn sie das unsittliche Foto nicht von ihrer Facebook-Seite entfernt.

Sieben Jahre früher hätten solche Beobachtungen auch schon in der Zeitung stehen können, aber damals waren Lehrer selten in schülernahen Netzwerken unterwegs.

Der Aufhänger des Artikels „Mein Kind, ein Smartphone-Junkie" (F.A.Z. 2014c) ist ein Theaterbesuch mit der Schule. Das Smartphone musste zwei Stunden ausgeschaltet bleiben. Danach waren bei nicht wenigen Schülern rund zweihundert Kurznachrichten eingegangen, berichtet ein Direktor. Er erzählt außerdem von einer Schülerin, der im Unterricht das Smartphone abgenommen wurde. Sie konnte es nicht abwarten, mit ihren Eltern das Handy abends abzuholen: „Sie eilte, so rasch es ging, in des Schulleiters Zimmer, am ganzen Körper zitternd, wie eine Süchtige auf Entzug." Zwar ist meist allgemein von Jugendlichen die Rede, doch wenn es um den exzessiven Handygebrauch geht, werden stets Mädchen zitiert:

> Wenn ich mit meiner Freundin weg war, dann poste ich, dass ich mit ihr weg war, um mich zu dieser Freundschaft zu bekennen. Dann warte ich ungeduldig, ob sie reagiert. Ich schaue ständig auf mein Handy. Ich kann es nicht weglegen.

Eine Medienpädagogin, die in dem Artikel zu Wort kommt, findet das „ganz normal." Von einer Sucht möchte sie nicht sprechen, denn „man denkt ja nicht an das Medium selbst, sondern an die Freunde, die dort unterwegs sind". Der Tenor dieses und ähnlicher Artikel lautet: Das Kommunikationsverhalten ändert sich, aber sonst ist alles normal. Was dem Zwang zugrunde liegt, ständig mit den Freunden in Verbindung stehen zu müssen, wird nicht gefragt bzw. recht plump erklärt: Gleichaltrige werden in dem Alter eben wichtiger.

Je abstruser die Mediennutzung, umso normaler ist angeblich alles. Der Artikel „Sexting unter Jugendlichen: Ich will was von dir sehen" (F.A.Z. 2014a) beschreibt, wie Mädchen mit ihrem Smartphone Nacktbilder von sich verschicken. Sexting ist eine Mischung aus Sex und *texting* (englisch für SMS-Schreiben). Daten aus den USA und Großbritannien belegen, dass schon jeder vierte Schüler freizügige Fotos oder Videoclips von sich verschickt hat, Mädchen ungleich öfter als Jungen. Erste Umfragen in Deutschland gehen von einer ähnlichen Größenordnung aus. Es geht um Liebesbeweise, die „Hoffnung, den anderen für sich zu gewinnen" und um Anerkennung. Sexting sei außerdem das „Abbild des enormen Drucks, unter dem pubertierende Jugendliche in Körperfragen stehen". Zum Medienthema wurde es, weil die Empfänger die Bilder ihrer Verehrerinnen nicht selten an sämtliche Freunde via WhatsApp weitergeleitet hatten. Auch „ein neun Jahre altes Mädchen sei darunter, das zum Opfer seiner eigenen Nacktfotos geworden ist". Allein in Hessen wurden 2013 fast 120 Sextingfälle zur Anzeige gebracht. Laut Medienpädagogen drückt die „Generation Kassettenrekorder" ihren Kindern bedenkenlos Smartphones in die Hand. Außerdem befänden sich Mädchen in einem Dilemma. Einerseits würde von ihnen erwartet, sich sexuell attraktiv zu präsentieren, andererseits sollen sie zurückhaltend sein. Der eigentliche Skandal sei, dass sexuell aktives Handeln der Mädchen sichtbar würde. Schuld sind diejenigen, die das Foto weiterleiten. Jeder könne Opfer von Sexting werden, meint ein Psychologe und erklärt damit das Versenden von Nacktfotos zur Normalität. Oft würde dem Opfer die Schuld für kursierende Bildchen angelastet. „Wie konntest du nur so dumm sein?", fragen Eltern und Mitschüler.

Weil alles so normal ist und man über die Handlungen der Mädchen kaum diskutieren kann, ohne sie zu stigmatisieren, bleiben die unbequemen Fragen außen vor: Welches Selbstwertgefühl und welche Vorstellungen von Liebe haben Mädchen, dass sie Jungen mit erotischen Fotos für sich einnehmen wollen? Welche Zwänge und Abhängigkeiten wirken in einem Mädchen, dass es dem Drängen eines Jungen nach solchen Bildern nachgibt? Welche Vorbilder fehlen in der Lebenswelt eines Mädchens, dass es glaubt, sich an die sexualisierten Standards der Gleichaltrigen anpassen zu müssen? Warum braucht eine 13-Jährige so zwingend männliche Anerkennung und warum in Form sexueller Bestätigung?

Von einem „gefährlichen Alarmismus" und einer „Hysteriemaschinerie" ist in dem Artikel „Generation Porno? Zu wild, zu hart, zu laut" (F.A.Z. 2014d) die Rede. Die Quintessenz: „Die Generation Porno ist ein Mythos." Jugendliche gehen mit Pornos vernünftig um, während sensationsgierige Medien Einzelfälle von Sexpartys zu einem kollektiven Problem aufbauschen und überbesorgte Eltern verunsichern. Als Beweis führt die Autorin die Sorgen der Eltern vor:

Hat mein Kind schon Sex? Oder: Oh Gott, es hat Sex! Sieht es Pornos? Soll man seine fünfzehnjährige Tochter bei ihrem Freund schlafen lassen? Oder: Hilfe, meine Tochter kleidet sich so aufreizend!

Eine echte Auseinandersetzung mit den Sorgen der Eltern oder der Frage, ob regelmäßiger Pornokonsum harmlos ist, findet nicht statt.

Überall dort, wo Schüler den größten Teil des Tages miteinander verbringen und ihnen Internetflatrates günstig zur Verfügung stehen, wächst eine Generation heran, die schon als Digital Natives bezeichnet wird. Ihr narzisstischer Hang zur Selbstdarstellung ist das herausragende kulturelle Phänomen unserer Zeit und Titelthema im Time Magazine (2013). „The Me Me Me Generation" nennt der Autor die „Millennials", die um das Jahr 2000 geborenen Teenager. Sie gerieren sich wie „microcelebreties", die ihr Leben für die Freunde mit einer täglichen Bilderflut inszenieren: Die Beliebigkeit und Unverbindlichkeit einer politisch korrekten „Toleranzgesellschaft" prägen eine freundliche, aber sinnsuchende Teenagergeneration. Sie verbringen wie keine Generation zuvor ihren Alltag unter Gleichaltrigen. Alle haben sich lieb und alle sind supertoll – soweit zu dieser harmonischen Oberfläche in den Netzwelten. Narzissmus scheint das Stichwort zu sein, nicht nur in den USA.

Literatur

F.A.Z. (2014a, 17. Feb.) Sexting unter Jugendlichen: Ich will was von dir sehen. http://www.faz.net/aktuell/gesellschaft/sexting-unter-jugendlichen-ich-will-was-von-dir-sehen-12804044.html

F.A.Z. (2014b, 8. April) Facebook im Unterricht: Frau Effenberger gefällt dein Foto nicht. http://www.faz.net/aktuell/politik/in-land/facebook-im-unterricht-duerfen-lehrer-mit-schuelern-im-internet-kommunizieren-12884241.html

F.A.Z. (2014c, 21. Juni) Mediennutzung: Mein Kind, ein Smart-phone-Junkie. http://www.faz.net/aktuell/wirtschaft/menschen-wirtschaft/mediennutzung-mein-kind-ein-smartphone-jun-kie-13001206.html

F.A.Z. (2014d, 9. Okt.) Generation Porno? Zu wild, zu hart, zu laut. http://www.faz.net/aktuell/feuilleton/debatten/generation-porno-zu-wild-zu-hart-zu-laut-13197193.html

Spiegel Online (2003, 19. Juni) Kleiderordnung an Schulen: Bauchfrei im Klassenzimmer. http://www.spiegel.de/schulspie-gel/kleiderordnung-an-schulen-bauchfrei-im-klassenzimmer-a-253712.html

Time Magazine (2013, 20. Mai) Millennials: The Me Me Me Ge-neration

6

Moderne Familienstrukturen – familiäre Erosion

Die untersuchte Schulmädchengeneration ist von Veränderungen betroffen, die sich in den Familien vollziehen. Grundlegend ist im Folgenden die Annahme, dass ein Kind bis weit in die Pubertät hinein eine sichere Bindung an konstante und real wie emotional anwesende Bezugspersonen benötigt, um zu einer stabilen Persönlichkeit zu reifen. Günstigstenfalls übernehmen die leiblichen Eltern diese Funktion, wobei zur Mutter in der Regel eine primäre Bindung besteht (Neufeld 2006). Ein Kind sieht sich in seiner Familie wie in der Mitte eines emotional und auch sozial-räumlich abgesicherten Nests. Mit äußerst sensiblen Antennen ist es von früher Kindheit an auf diesen schützenden Bezugsraum ausgerichtet, den die Eltern bilden. Ab einem Alter von drei Jahren bis in die Adoleszenz werden zunehmend größer werdende Schritte in die Welt gewagt, ohne dass dabei der emotionale Bezug in das Sicherheit bietende Nest unterbrochen wird. Das Gefühl von Geborgenheit und die auf diese Weise im intimsten Empfinden verankerten Werte und Moralvorstellungen einer Familie werden an die eigenen Kinder und Enkel weitergegeben. Die vertikale Vermittlung von Kultur ist daher im Wesentlichen ein innerfamiliärer und kein gesellschaftlicher Prozess.

Von Interesse sind nun sämtliche Faktoren, die diese elementare Eltern-Kind-Bindung stören und im Kind Unsicherheiten, Ängste und plötzliche Orientierungsnöte erzeugen. Mitte des vergangenen Jahrhunderts schreibt Erikson (1966, S. 85 ff.): Viel „von der Scham und dem Zweifel, der Erniedrigung und Unsicherheit, die im Kinde entstehen, [sind] eine Folge der Enttäuschung der Eltern in Ehe, Arbeit und Staatsbürgerschaft". Kinder sind das emotionale Spiegelbild ihrer Eltern, die sich oftmals in einem Hamsterrad aus Job und Kindererziehung befinden und dabei vom Staat finanziell alleingelassen werden, wenn sie ihre Kinder nicht in das System der stark subventionierten Fremdbetreuung geben möchten. Gemessen an dem, was Kinder kosten, macht das geringe Kindergeld Eltern zu Almosenempfängern. Die Erziehungsleistung wird nicht honoriert, sondern durch zynische Begriffe wie „Herdprämie" oder „Nur-Hausfrau" noch lächerlich gemacht. Tatsächlich ist aber die feinfühlige Betreuung durch die leiblichen Eltern der wertvollste Beitrag, den Einzelne zum Fortbestand einer Gesellschaft leisten können.

„Es kann nicht sein, dass ein Ehepaar – bei dem nur der eine ein Leben lang ein Gehalt oder einen Lohn einsteckt – Kinder aufzieht und am Ende nur eine Rente bekommt. Auf der anderen Seite verdienen zwei Ehepartner zwei Renten. Und die Kinder des Paares, das nur eine Rente bekommt, verdienen diese beiden Renten mit. Das ist ein glatter Verfassungsverstoß," schreibt der ehemalige Bundespräsident Roman Herzog (1996, S. 4). Auch ohne die steuerlichen und rentenpolitischen Winkelzüge der letzten Jahrzehnte genau zu verstehen, erkennen viele junge Eltern, dass ihre Kinder ein Armutsrisiko sind. Müttern schlägt zudem das

emanzipatorische Denkmuster entgegen, wonach Selbst-
verwirklichung ausschließlich etwas mit Erwerbstätigkeit
zu tun hat und die Leistung von Müttern durch Zuschrei-
bungen wie „Heimchen am Herd", „arbeitsunwillig" oder
„bequem" pervertiert wird. Der emotionale und finanzielle Druck bleibt nicht bei den Eltern hängen, er wirkt sich
auch auf ihre Kinder aus.

Nicht wenige Kinder erleben Trennungen, Scheidungen
und teils wechselnde Beziehungen ihrer Eltern und deren
zwischen antiautoritär und hilflos tendierende Erziehung,
wenn die Familie in eine Krise gerät. Viele relevante Ursachen, die im Stillen auf die Entwicklung von Kindern
wirken, wie etwa die Vereinzelung der Nuklearfamilie in
Ballungszentren oder ein belastetes Verhältnis zwischen den
Eltern, sind statistisch natürlich nicht erfasst. Valide Daten zur Scheidungsrate oder zur ökonomischen Situation
in Familien können jedoch Veränderungen der familiären
Bedingungen für die heranwachsende Generation anzeigen.
Angaben des statistischen Bundesamts sind zu entnehmen,
dass die Zahl der Ehescheidungen zunimmt. Im Zeitraum
1996 bis 2011 ist die Zahl der alleinerziehenden Elternteile
in Deutschland um ein Fünftel auf 2,7 Mio. angestiegen.

Einen aktuellen Forschungsüberblick zu psychischen
Störungen der Kinder nach Trennung und Scheidung liefert Lehmkuhl (2013). Für Kinder sind sich hinziehende
Streitsituationen, Trennungsphasen und endgültige Scheidungen der Eltern häufig eine extreme traumatische Erfahrung. Sie haben Angst um ihre Eltern oder den noch
verfügbaren Elternteil, sie regredieren und zeigen ausge-
prägte Trennungsängste und sie machen sich selbst für die
Trennung der Eltern verantwortlich. Im Latenzalter suchen

sie aktiv nach einer neuen Form der Familienidentität und entwickeln einen ausgeprägten und angstbesetzten Sinn für die Zusammengehörigkeit der Familie. Für die Adoleszenz beschreibt Lehmkuhl (2013) zwei gegensätzliche Reaktionsmuster. Zum einen Regression, wenn das Kind sich an jüngeren Kindern orientiert, Leistungseinbrüche in der Schule zeigt und emotionale Unterstützung in der Familie aktiviert, und zum anderen eine beschleunigte Reifung mit dem Ziel, möglichst schnell von der Familie unabhängig zu werden. In ihrer Scheinselbstständigkeit und Notreife suchen die Teenager Halt und Geborgenheit bei Gleichaltrigen, zum Beispiel in verfrühten Sexualkontakten (vgl. Lehmkuhl 2013) oder vereinnahmenden Mädchenfreundschaften.

Beide Reaktionsmuster, die Lehmkuhl (2013) beschreibt, manifestieren sich tendenziell in den Selbstdarstellungen der Schulmädchen, die zwischen kindlich, niedlich und schutzbedürftig einerseits und erotisierend und sexy andererseits polarisieren. Langzeitstudien mit Scheidungskindern zeigen, dass spezifische Probleme, etwa mit eigenen Beziehungen, bis weit ins Erwachsenenalter fortdauern.

> Das Alter bei der Aufnahme erster sexueller Beziehungen erwies sich sowohl durch Scheidungserfahrungen in Kindheit und Jugend beeinflusst als auch als vorhersagekräftig im Hinblick auf eine spätere Scheidung im Erwachsenenalter (Berger 2009; vgl. zu den negativen Folgeerscheinungen von veränderten Familienstrukturen zusätzlich Meves 2007).

Der Familienforscher Fuchs (2014) führt das Aufweichen der gesellschaftlichen Institution Familie in ihrer traditionellen Rollenverteilung vor allem auf den schleichenden Paradigmenwechsel in der Familienpolitik der letzten drei bis vier Jahrzehnte zurück. Zahlreiches empirisches Material belegt die Früchte, die zum Beispiel aus dem „Leitbildwandel – Müttererwerbstätigkeit und Institutionenkindheit" in der sogenannten „nachhaltigen Familienpolitik" hervorgehen. Die Familie wird nicht mehr als Einheit betrachtet. Mit der Elterngeldreform, dem Kinderförderungsgesetz und besonders der Unterhaltsreform wird eine isolierende Familienmitgliederpolitik betrieben, die die finanzielle Unabhängigkeit der Eltern voneinander fördert und ein Recht des Kindes auf außerfamiliäre Betreuung statuiert und diese finanziell stark subventioniert (vgl. Fuchs 2014, S. 306).

> Der Paradigmenwechsel besteht nun nicht in der Absicht, die einzelnen Familienmitglieder zu fördern: Das Wohlergehen der Kinder und die Teilhabe von Müttern an allen Bereichen des sozialen Lebens gehörte auch in den 1980er und 90er Jahren zu den Zielen des Bundesfamilienministeriums. Es war der Familienpolitik der Kohl-Ära aber – zumindest rhetorisch – auch ein Anliegen, die Familie als Institution zu unterstützen, die als Hort menschlicher Nähe und Geborgenheit in der anonymen und technisierten Gegenwartsgesellschaft und als primärer Ort des Aufwachsens von Kindern galt. Eben dieses Anliegen, die Familie als Institution zu schützen, spielt seit 2002/2003 keine Rolle mehr (Fuchs 2014, S. 306).

Der Ausbau von Betreuungseinrichtungen für Kleinkinder und das gleichzeitig stark umkämpfte Betreuungsgeld sind die zwei eklatantesten Beispiele für die neueren familienpolitischen Absichten. „Unterstützung von Familien" ist beinahe schon ein Synonym für „Ausbau von Betreuungsangeboten". Viele Familien sind vermutlich auch wegen solcher Umdeutungen politischer Zielsetzungen nicht mehr in eine Dorfstruktur eingebettet, in der Großeltern und Nachbarn als verlässliche Bezugspersonen das familiäre Umfeld mit prägen. Der Vater befindet sich als Hauptverdiener den Großteil der Woche außerhalb des kindlichen Wahrnehmungshorizonts.

Die Familienarbeit hat gegenüber der Erwerbsarbeit an Ansehen verloren, was umso erstaunlicher ist, da nichts „mehr über die Existenz der Gesellschaft, ihre Kultur, ihre Sprache, ihre Identität" entscheidet, „als der Nachwuchs und die Art und Weise, wie dieser Nachwuchs in den ersten Jahren seines eigenen Lebens geprägt wird" (Biedenkopf 1999, S. 309 f.). Nach dem Mikrozensus (2011) waren im Jahr 1996 in 40 % der Familien mit Kindern die Väter allein erwerbstätig, während im Jahr 2011 nur noch 30 % der Väter Alleinverdiener waren. Wenige Jahrzehnte zuvor lag die Zahl der Familien mit traditioneller Rollenverteilung noch deutlich höher und die anwesende Mutter war eine verlässliche Bindungsperson, die für ihre Kinder einen Rückzugsraum und Nähe bot. Inzwischen schwindet nicht nur der Vater aus dem Sichtfeld des Kindes, auch immer mehr Mütter müssen arbeiten gehen, und das nicht nur in Teilzeit. Das Gehalt eines Vollzeit arbeitenden Familienvaters im mittleren Einkommensbereich reicht nicht mehr aus, um eine Familie zu ernähren.

Die Vereinzelung der Familie in städtischen Ballungszentren und die sich aus ökonomischen Zwangslagen ergebende Doppelbelastung für Mütter wirkt destabilisierend auf die von Kindern sehr sensibel empfundene familiäre Identität. Maaz (2005, S. 82) spricht von „Müttern, die innerlich nicht bei ihrem Kind sind" und benennt folgende Gründe:

> Wir müssen den Muttermangel neben der realen Abwesenheit der Mutter vor allem auch als innerseelisches Defizit von Mütterlichkeit begreifen. […] Die überforderte, gestreßte, durch Aufgaben und Pflichten übermäßig belastete Mutter wird wenig Freiraum und Geduld haben, sich in die Erlebens- und Bedürfniswelt ihres Kindes einzufühlen (Maaz 2005, S. 82).

Fakt ist auch die zunehmende reale Abwesenheit von Müttern. Flächendeckend werden Kinderkrippen bzw. Kindertagesstätten, Ganztagskindergärten, Ganztagsschulen und Ganztagsbetreuungen ausgebaut und entsprechende Neuerungen im Schulsystem unterstützen die Veränderungen in den Familienstrukturen von staatlicher Seite. Kelle (2013) beschreibt, dass die Entscheidung, Kinder zu Hause zu erziehen, als rückständig wahrgenommen wird, sodass auch wegen dieses diffamierenden Bildes von der „Nur-Hausfrau" viele Mütter ihre Kinder als eine Benachteiligung im Erwerbsleben empfinden (vgl. auch Götze 2011). Eine gewisse politische Determination ist nicht von der Hand zu weisen (vgl. Meves 2007; Kuby 2012; Kelle 2013).

Seitdem aktuelle gesellschaftliche Entwicklungen und entsprechende familienpolitische Steuerungen immer mehr Fuß fassen, bewältigt ein nicht unerheblicher Anteil an Kleinkindern, Kindern und Teenagern einen Alltag außerhalb ihres elterlichen Bezugssystems mit seiner natürlichen individuellen und liebevollen Fürsorge. Vor allem in den ersten Lebensjahren, aber auch in der Grundschulzeit kann ein mit Enttäuschungen und Wut verbundener Liebesmangel entstehen, dessen Auswirkungen in der Pubertät dann massiv in Erscheinung treten. „Die Eltern sollten verstehen lernen, dass das Verhalten ihrer pubertierenden Kinder Symptom und Folge ihrer Beziehungsstörung ist" (Maaz 2012, S. 137). In den Kreis der „Dekompensation narzisstischer Störungen" ist neben Verhaltensstörungen und süchtigem Agieren (Maaz 2012, S. 137) auch das auffallende Bedürfnis pubertierender Mädchen, geliebt und beliebt zu sein, mit aufzunehmen, das sich in der symbiotischen Bindung an eine Freundin/Clique oder in einer frühen sexuellen Partnerschaft kanalisiert. Brisch (1999) beschreibt genau dies, wenn er bei einer 17-jährigen Patientin die Abhängigkeit von Suchtmitteln und von der Beziehung zu ihrem 30-jährigen Freund als zwei ähnliche Symptome ihrer Beziehungsstörung deutet.

Lehrer und Betreuer sind mit dem überhandnehmenden Erziehungsauftrag desorientierter Kinder überfordert und setzen kaum Grenzen, die eigentlich von den Eltern gesetzt werden müssten. Alternative Anlaufstellen und Bezugspersonen und manchmal auch einen Familienersatz finden Kinder und Jugendliche nicht in Lehrern und Betreuern, sondern dort, wo sie die meiste Zeit verbringen, nämlich in den Freundeskreisen ihres schulischen Umfelds.

Bisher untersucht lediglich die vom Bundesministerium für Bildung und Forschung initiierte StEG-Studie (2010) die „soziale und emotionale Entwicklung" von Kindern in Ganztagsschulen. Die Autoren befürworten „eine erweiterte Beschäftigung von Müttern", sehen eine „eman-

zipatorische Notwendigkeit" und stellen fest: „Wo mehr
Mütter beschäftigt sind, können die Kinder länger in der
Schule lernen." Die Ergebnisse der Forscher beruhen auf
Befragungen und differenzieren kaum. „Freunde sind als
Entwicklungshelfer einzigartig. Sie stehen vor den gleichen
Entwicklungsaufgaben. Peers sind Schlüsselfiguren für die
soziale und emotionale Entwicklung." Peers (Gleichaltri-
ge) werden im Verlauf der kindlichen Entwicklung immer
wichtiger, jedoch nicht im zeitlichen Umfang der Ganztags-
betreuung. Die natürliche Option, wann man mit welchen
Freunden was spielt, fällt weg. Ganztagsschule ist ein ganzer
Tag ohne Rückzugsraum.

Aus den Befragungen wird auch gefolgert, dass ein in
Ganztagsschulen entwickelter Sinn für die Gemeinschaft
und das „ausgeprägtere Zusammenleben [...] deutlich positive Auswirkungen auf die Qualität der Freundschaftsbe-
ziehungen durch Interaktionseffekte" habe und individuelle Qualitätsbeziehungen zu besten Freunden zurückgehen.
Die Idee, ein homogenes Wir-Gefühl in solchen heteroge-
nen schulischen Bezugsgruppen zu installieren, läuft weit
an der realen Umsetzbarkeit vorbei. Als Lehrer in einer
Ganztagsbetreuung konnte ich das Interaktionsverhalten
von Fünft- bis Achtklässlern beobachten. Schüchterne Kinder suchen oft den Kontakt zum erwachsenen Personal,
während sich die meisten Schüler in Kleingruppen organi-
sieren. Gerade Kinder mit altersgemäß kindlicher Naivität
haben unter scheinselbstständigen Peers oft einen schweren
Stand.

Wer das Verhalten von Teenagern verstehen will, muss
auch über ihre ersten, für das spätere Verhalten entscheidenden Lebensjahre Bescheid wissen. Was die ersten Le-

bensjahre betrifft, so sind die Auswirkungen der frühkindlichen Ganztagsbetreuung bereits seit längerem im Fokus der unabhängigen Deprivationsforschung mit zahlreichen Studien zur Entwicklung von Heim- und Krippenkindern.[1] In ostdeutschen Bundesländern ist die Krippenbetreuung seit DDR-Zeiten nach wie vor üblich, und die alten Länder holen schnell auf, ohne eindeutige Warnungen neuester Studien zu berücksichtigen. Die signifikant erhöhte Stressbelastung, die negativen Auswirkungen durch das Stresshormon Cortisol und die täglich neuen Verlusterfahrungen der engsten Bezugsperson sind beschrieben, nicht nur in Fachjournalen, sondern auch in Zeitungsartikeln (F.A.Z. 2012: „Die dunkle Seite der Kindheit" von Dr. Rainer Böhm; F.A.Z. 2014: „Gestresste Kinder in der Krippe" von Hanne Götze). Durch frühkindliche wiederholte Verlusttraumata kann das emotionale Bindungs- und Beziehungssystem im unausgereiften Gehirn nachhaltig geschädigt werden.

Die Studien von John Bowlby (1975, 1995) begründen innerhalb der Psychologie die Forschung zur Bindungsstörung und eröffnen damit ein neues Verständnis diverser psychopathologischer Krankheitsbilder. Einige Verhaltensweisen, die auf Bindungsstörungen hindeuten, finden sich in den Korpusbelegen meiner Studie. Für Mädchenfreundschaften wird ein Verhaltensspektrum von aggressiver Verlustangst und überschwänglicher Emotionalität bis zum zwanghaften Exklusivitätsbedürfnis oder einer ins Gegenteil verkehrten sozialen Promiskuität zur Kultur er-

---

[1] Vgl. den Forschungsüberblick in Meves (2008, S. 133–141). Ab 1991 wurde in den USA eine Längsschnittuntersuchung „NICHD Study of Early Child Care" durchgeführt, auf die sich auch Götze (2011: „Kinder brauchen Mütter. Die Risiken der Krippenbetreuung – Was Kinder wirklich stark macht") bezieht.

hoben. Gemittelt über zahlreiche Belege entwickelt sich eine Vorstellung von der seelischen Konstitution des Typus Schulmädchen. Diese in Tendenzen erkennbaren Symptome, die als Standardisierungen in den Selbstdarstellungen der Mädchen ersichtlich sind, haben eine mögliche Ursache in (früh-)kindlichen Traumatisierungen und Bindungsstörungen, die Brisch (1999) sowie Brisch und Hellbrügge als Herausgeber (2003, 2006, 2010) beschreiben.

Wie sich frühe Bindungserfahrungen auf das Verhalten in Mädchenfreundschaften oder die Selbstdarstellung in Onlinenetzwerken auswirken, ist nicht erforscht. Allerdings sind „sexuelle Verhaltensweisen in Abhängigkeit vom Bindungsstil" (Brenk-Franz 2010) ein Thema in der Bindungsforschung, das noch vergleichsweise ähnlich gelagert ist, sodass gewisse Parallelen gezogen werden können. So kann ich beobachten, dass Mädchen, deren Eltern eine harmonische Ehe führen, die ihren Kindern Geborgenheit bietet, ihre Mädchenfreundschaften eher entspannt und wenig vereinnahmend ausgestalten. Ist der familiäre Hintergrund jedoch von Disharmonien geprägt, zeigen die Mädchen eher ein angstbesetztes und konfliktbehaftetes Bindungsverhalten in ihren Freundschaften. Die allerbeste Freundin von heute kann morgen schon Persona non grata sein, denn die Freundschaft ist symbiotisch vereinnahmend und in gleichem Maße unsicher und überfordernd. Enttäuschungen werden kaum toleriert, aber das eigene bindungsdynamische Verhalten sucht permanent den zwischenmenschlichen Vorteil.

Auch im Sexualverhalten sind Unsicherheit, Wechselhaftigkeit oder auch Kontrollzwänge Kennzeichen eines unsicheren Bindungsmusters. Brenk-Franz (2010, S. 14) fasst ihre Forschungsergebnisse folgendermaßen zusammen:

Eine sichere Bindung ging einher mit einer geringeren Präferenz für One-Night-Stands und Sex außerhalb der Beziehung. Personen mit unsicher-vermeidender Bindung berichteten die früheste Geschlechtsreife und das geringste Alter beim ersten Geschlechtsverkehr. Außerdem berichteten sie häufiger One-Night-Stands und sexuelle Aktivitäten außerhalb ihrer Partnerschaft als Personen mit einer sicheren Bindung. […] Vermeidend gebundene Frauen berichteten die häufigsten und ambivalente Frauen die seltensten sexuellen Kontrolltendenzen.

Unabhängig davon, ob man das symbiotische Bindungsverhalten in Mädchenfreundschaften und das auffallende Betonen von sexueller Attraktivität anthropologisch, psychologisch oder soziologisch erklären möchte, bleibt die Frage nach dem Einfluss der Kinderstube zentral. Unzählige allerbeste Freundinnen beschwören ihre Verbundenheit extrem emotional und fordern mit öffentlichen Ich-liebe-dich-Botschaften Bestätigung ein, erotische Aufmachungen werden zum Kommunikationstool für positive Ich-Erfahrungen, und Beliebtheit in der Klasse scheint für viele Mädchen zur Grundlage ihres Selbstwertgefühls zu werden. Diese Beobachtungen fügen sich in die Bindungsforschung ein und deuten auf eine Generation hin, die in relevanter Tendenz ungünstige Bindungserfahrungen in ihren Familien macht.

Literatur

Berger F (2009) Intergenerationale Transmission von Scheidung – Vermittlungsprozesse und Scheidungsbarrieren. In: Fend H (Hrsg) Lebensverläufe, Lebensbewältigung, Lebensglück. Ergebnisse der LifE-Studie. VS Verlag für Sozialwissenschaften, Wiesbaden, S 267–303

Biedenkopf K (1999) Arbeit ist mehr als Erwerbsarbeit. In: Christian L (Hrsg) Aufwertung der Erziehungsarbeit – Europäische Perspektiven einer Strukturreform der Familien- und Gesellschaftspolitik. Leske + Budrich, Opladen, S 307–314

Bowlby J (1975) Bindung. Eine Analyse der Mutter-Kind-Beziehung. Kindler, München

Bowlby J (1995) Elternbindung und Persönlichkeitsentwicklung. Therapeutische Aspekte der Bindungstheorie. Dexter, Heidelberg

Brenk-Franz K (2010) Sexuelle Verhaltensweisen in Abhängigkeit vom Bindungsstil. Sexuologie 17(2):14–23

Brisch KH (1999) Bindungsstörungen. Von der Bindungstheorie zur Therapie. Klett-Cotta, Stuttgart

Brisch KH, Hellbrügge T (Hrsg) (2003) Bindung und Trauma. Risiken und Schutzfaktoren für die Entwicklung von Kindern. Klett-Cotta, Stuttgart

Brisch KH, Hellbrügge T (Hrsg) (2006) Kinder ohne Bindung. Deprivation, Adoption und Psychotherapie. Klett-Cotta, Stuttgart

Brisch KH, Hellbrügge T (Hrsg) (2010) Bindung, Angst und Aggression. Theorie, Therapie und Prävention. Klett-Cotta, Stuttgart

Erikson EH (1966) Identität und Lebenszyklus. Suhrkamp, Frankfurt a. M.

F.A.Z. (2012, 4. April) Die dunkle Seite der Kindheit S. 7. http://www.univie.ac.at/wiki-projekt/texte/frankfurter_allgemeine_april_12.pdf

F.A.Z. (03.07.2014) Gestresste Kinder in der Krippe

Fuchs S (2014) Gesellschaft ohne Kinder. Woran die neue Familienpolitik scheitert. Springer VS, Heidelberg

Götze HK (2011) Kinder brauchen Mütter. Die Risiken der Krippenbetreuung – Was Kinder wirklich stark macht. Ares, Graz

Herzog R (1996) Gesichertes Leben. Zeitschrift der LVA Baden 4:4

Kelle B (2013) Dann mach doch die Bluse zu. Ein Aufschrei gegen den Gleicheitswahn. Adeo, Asslar

Kuby G (2012) Die globale sexuelle Revolution. Zerstörung der Freiheit im Namen der Freiheit. Fe-Medienverlag, Kisslegg

Lehmkuhl U, Huss M (2013) Störungen nach Trennung und Scheidung. In: Lehmkuhl U et al (Hrsg) Lehrbuch der Kinder- und Jugendpsychiatrie. Bd. 2: Störungsbilder. Hogrefe, Göttingen, S 1223–1231

Maaz H-J (2005) Der Lilith-Komplex. Deutscher Taschenbuch Verlag, München

Maaz H-J (2012) Die narzisstische Gesellschaft. C.H. Beck, München

Meves C (2007) Verführt. Manipuliert. Pervertiert. Die Gesellschaft in der Falle modischer Irrlehren. Resch, Gräfelfing

Meves C (2008) Geheimnis Gehirn. Resch, Gräfelfing

Mikrozensus (2011) https://www.destatis.de/DE/Publikationen/WirtschaftStatistik/Bevoelkerung/VereinbarkeitFamilieBeruf_122012.pdf?_blob=publicationFile

Neufeld G, Maté G (2006) Unsere Kinder brauchen uns! Die entscheidende Bedeutung der Kind-Eltern-Bindung. Genius, Bremen

SteG-Studie (2010) http://www.ganztagsschulen.org/12533.php

7

Langer Schulalltag
– Gleichaltrigenorientierung

Familiäre Erosion ist nicht die alleinige Ursache für das Schulmädchensyndrom. Der Anteil der Kinder, die in Familien mit stabilen Beziehungsstrukturen und verlässlichen wie auch feinfühligen Bezugspersonen aufwachsen dürfen, überwiegt vermutlich. Sobald sie weiterführende Schulen besuchen, nähert sich jedoch auch ihr Alltag spätestens ab der Mittelstufe dem eines Arbeitnehmers an, der den Großteil des Tages außer Haus ist. Aus vielen Gymnasien, deren Unterrichtsblöcke ehemals auf den Vormittag konzentriert waren, werden verkappte Ganztagsschulen mit Mensa und Unterrichtseinheiten am Nachmittag.

Die Kinder und Teenager sind ab 7 Uhr morgens bis oft in den späten Nachmittag in ihren Klassenverbänden und Jahrgangsstufen unter sich. Sie lernen Freunde kennen und finden Anschluss in Cliquen. Sie passen sich an, lernen voneinander und übernehmen den sprachlichen Ausdruck, das Verhalten, den Geschmack und moralische Vorstellungen ihres sozialen Umfelds. Diese schrittweise Sozialisation gehört in die Phase der Pubertät, wie in Kap. 9 diskutiert werden wird. Allerdings haben sich die gesellschaftlichen Rahmenbedingungen in den letzten Jahren so verändert, dass sich diese Sozialisation bzw. das Erwachsenwerden häufig zu früh und zu abrupt vollziehen kann. Die schnelle und vollständige Anpassung an die Gruppe kann durchaus an die Stelle einer schrittweisen Reifung zum eigenständigen Erwachsenen rücken (Neufeld und Maté 2006). Die geistige und soziale Entwicklung basiert in solchen Fällen nicht mehr auf einer Orientierung an elterlichen Bezugspersonen. Auch wenn die Bindung an die Eltern die Grundlage für das Denken, Fühlen und Handeln der Kinder bleibt, ist der Einfluss der Gleichaltrigen wegen der langen Zeiträume sehr groß. Zu Hause ist es dann sofort langweilig und viel zu ruhig. Die freien Stunden am späten Nachmittag werden lieber zusammen mit den Freunden verbracht. Gerade für Mädchen kann die allerbeste Freundin „in den intensiven Phasen der Freundschaft" zur wichtigsten Anlaufstelle werden:

> [Es] entsteht eine Verbundenheit und Intimität, die oft auch körperliche Intimität einschließt. Freundinnen übernachten in einem Bett, liegen miteinander auf dem Sofa, küssen und umarmen sich zur Begrüßung und zum Abschied. Der zärtliche Umgang miteinander dient auch dazu, Verbundenheit zu demonstrieren (Breitenbach 2000, S. 305).

Dass die (Selbst-)Bezogenheit auf Freunde und eine damit einhergehende Unzugänglichkeit für Erwachsene von diesen als normales pubertäres Verhalten wahrgenommen wird, bedeutet nicht, dass eine so zeitintensive und teilweise auch primäre Orientierung an Gleichaltrigen tatsächlich auch ein natürliches Verhalten in dieser Altersphase ist. Der klinische Psychologe Neufeld schreibt zu dem Phänomen der Cliquen:

> Die „normale Teenager-Rebellion" – der zwanghafte Drang, zu einer Clique dazuzugehören, sich einzufügen und sich auf Kosten der eigenen, wahren Individualität anzupassen – hat […] mit einem gesunden Reifungsprozess nichts zu tun (Neufeld und Maté 2006, S. 28).

Neufeld meint hier nicht das pubertäre Ausloten autoritärer Grenzen, sondern die schlichte Verweigerung, die Eltern auf der Grundlage einer liebevollen, emotionalen Bindung als Autorität und Anlaufstelle innerhalb der Familie zu akzeptieren. Dieser Einschätzung geht die Feststellung voran, dass eine „Koexistenz konkurrierender *Primär*bindungen", also verschiedener „Orientierungsbeziehungen mit widersprüchlichen Werten und Botschaften", nicht funktionieren kann, da das menschliche Gehirn im Konfliktfall automatisch die Werte der Primärbindung als Entscheidungsgrundlage verwendet (Neufeld und Maté 2006, S. 9). Die Ursache für das extreme Cliquenverhalten, welches Neufeld und sein Co-Autor Maté in kanadischen Ganztagsschulen beobachten, sind nicht die Beziehungen zwischen Gleichaltrigen an sich, die laut Neufeld für eine gesunde Entwicklung sogar notwendig sind, „sondern die Situation, dass mittlerweile der größte Einfluss auf die kindliche Entwicklung von anderen Kindern ausgeht" (Neufeld und Maté 2006, S. 9).

Über Abnabelungsprozesse während der Adoleszenz wird in Kap. 9 ausführlicher diskutiert werden. Hier gilt es zunächst einmal, den Ist-Zustand festzuhalten. Der Schulalltag ist für viele Teenager zeitlich und emotional so vereinnahmend, dass sie eine innere Distanz zum sozialen Raum Schule aufgeben und stattdessen ihren Freundeskreis und die gemeinsame Zeit, die im schulischen Umfeld verbracht wird, als dominierend empfinden.

Im folgenden Eintrag aus dem Jahr 2009 beschreibt die 15-jährige *Butterfly*Headshot* ihre Gefühle angesichts einer bevorstehenden einjährigen Trennung von ihrer besten Freundin:

Man. Schatz .

ich will nicht gehn . denn ich habe dich gefunden . das beste was mir je passieren konnte .. wie sol ich je wieder richtig denken können ihne zu wissen das ich dich sehn kann wenn ich will . wenn ich ein jahr weg bin von allem abgeschieden . so will nicht leben . des ist scheiße . man. ich habe dich .. meine beste freundin & ich will dicht hergeben . und vorallem nicht von dir getrennt werden des halt ich nicht aus . da pass ich doch garnicht rein da will ich garnicht renpsassne man. ich hab alles gehtan & doch kann ich nicht entscheiden weil ich ja noch so jung bin meine mum hat gesagt i-wann werde ich ihr danken .. doch dafür das sie mich von meiner besten freundin gerennt hat werde ich ihr niemals danken . denn ich weiß zu wem ich gehne kan wenns mir scheiße geht ; wer immer für mich da bist ; wer über die gleiche scheiße lacht wie ich ; wer das gleiche denkt wie ich ; wer die gleich typen geil findet ; wer mich versteht ; wer immer zu mir hält ; wer immer bei mir sein soll ; wer mein weiteres leben mit mir teilen soll ; wer alles mit mir erleben soll ; wer genau weiß wenn es genug ist .. du genau du .. weil du alles für mich bist .. weil du meine beste freundin bist .. man ich saß schon mit dir im knast ; es könnte alles kommen mit dir würd ich es überstehn . aber nicht wenn iich von dir getrennt bin . du bist ich und ich bin du aber wie soll ich des schaffen wenn mein iich nicht mehr ganz da ist . You are my BEST FRIEND .<3 und man. ich werd alles tun . aber ich glaub nicht das ich was ändern kann . und das macht mich so traurig . ich vermiss

dich jetz schon ; schatz .. ich liebe dich ; bester freundin ich
hoffe für immer . Nein ich bin mit ganz sicher. < 3

Offenbar möchte die Mutter ihre Tochter aus dem Umfeld
lösen (*wenn ich ein jahr weg bin von allem abgeschieden . so
will nicht leben . [...] meine mum hat gesagt i-wann werde
ich ihr danken*). Die in diesem Eintrag mitgeteilte Gefühlslage und verwendete Wortwahl ist charakteristisch für das
Konzept beste Freundin. Hinter der Theatralik in den Tex-
ten verbirgt sich selten eine widersprüchliche Realität. Die
beste Freundin als Dreh- und Angelpunkt im Leben (*du
bist ich und ich bin du, mein Zwilling*) macht aus ihr die
Seelenverwandte oder *Ehefrau*.

Über den eigentlichen Schultag hinaus dreht sich fast alles um die Freundin bzw. die Clique und um Themen aus
der Schule. Die intensivierte Bindung in den Freundeskreis
wird bereits in einer psychologischen Studie zur Marktfor-
schung betont, die die neuen Onlinenetzwerke noch nicht
mit im Blick hat:

> Handy und die neuen Messenger-Systeme [*icq* und *msn*]
> im Internet dienen als Nabelschnur zum Bindungs-Biotop
> und vermitteln immer das sichere Gefühl persönlicher An-
> bindung (Grünewald 2007, S. 24).

Inzwischen meldet das Smartphone permanent Neuigkei-
ten und neue Nachrichten, und eine begonnene Kommunikation mit den Freundinnen kann beliebig lang fortge-
setzt werden. Ab der 5. Klasse wird die mobile Anbindung
an den Freundeskreis zum Normalfall. Von überall aus ist
die Schulklasse auf Facebook oder über WhatsApp zu erreichen. Seit Ende des Jahres 2010 gehören Teenager mit

Smartphone in der Hand zum Straßenbild. Da sie durch das Versenden, Annehmen und Ablehnen von Freundschaftsanfragen ihre Vernetzung selbst steuern können, bilden sie auf ihren Facebook-Seiten ihr soziales Umfeld ab. Dort sind sie ausschließlich unter sich, und fast alle sind mit dabei. Bei der hohen Anzahl an Kontakten brechen die Interaktionsmöglichkeiten nie ab, was eine entsprechende Sogwirkung nach sich ziehen kann. Mitten im Bezugsraum Familie kann um die Töchter eine exklusive Sphäre entstehen, wenn sie mit ihren Smartphones verwachsen scheinen oder sich in ihren Zimmern hinter ihren Laptops verschanzen. Meistens sind es Mädchen, die dauerhaft mit ihrem Bindungsbiotop Kontakt halten. Eltern versuchen mit erzieherischen Qualitätszeiten gegen die schleichende Abschottung ihrer Kinder vorzugehen, die von diesen gar nicht als solche empfunden wird (vgl. Voigt 2011).

Literatur

Breitenbach E (2000) Mädchenfreundschaften in der Adoleszenz. Eine fallrekonstruktive Untersuchung von Gleichaltrigengruppen. Leske und Budrich, Opladen

Grünewald S (2007) Jugend 2007 – zwischen Versorgungsparadies und Zukunftsängsten. URL: http://www.stephangruenewald. de/fileadmin/downloads/36069_Jugend_Booklet.pdf

Neufeld G, Maté G (2006) Unsere Kinder brauchen uns! Die entscheidende Bedeutung der Kind-Eltern-Bindung. Genius, Bremen

Voigt M (2011) Soziolinguistische Studie zur Beziehungsarbeit und Identitätskonstruktion in Mädchenfreundschaften: Vorstellung der Onlinekommunikation bester Freundinnen in Social-Media-Formaten. URL: http://www.mediensprache.net/networx/ networx-61.pdf

8

Sexualisierung – Abbruch der Kindheit

Die Selbstsexualisierung auf Profilbildern, die erotisch-intime Darstellung von Mädchenfreundschaften oder frühe sexuelle Beziehungen können ihre tieferen Ursachen ebenfalls im familiären Kontext haben. Ein 12- bis 16-jähriges Mädchen, das sich in der Liebe seiner Eltern sicher gebunden fühlt, hat in der Regel ein gesundes Scham- und Selbstwertgefühl und entzieht sich intuitiv etwas der erotisierenden Evaluation unter Schulmädchen, die in den Kommentaren zu den Selfies zu beobachten ist. Sexualisiertes Verhalten ist also bereits ein Symptom.

Sexualisierung kann neben familiärer Erosion und zunehmender Gleichaltrigenorientierung aber auch eine Ursache für die Symptome des Schulmädchensyndroms sein. Außerfamiliäre Erfahrungen können auf eine Weise wirksam werden, dass sie dem sexuellen Skript zuwiderlaufen, das ein Kind in seiner Familie übernimmt. Hierzu ein Beispiel: Nehmen wir an, ein Kind erlebt in seiner Familie von klein auf ein polygames Ehemodell, aber in der Schule, in den Medien und in den Familien von Freunden erlebt es monogame Beziehungen als soziale Norm. Es ist durchaus wahrscheinlich, dass die äußeren kulturellen Einflüsse stärker nachwirken als das elterliche Vorbild und das Kind als

Erwachsener eine monogame Ehe führen wird. Nach Gagnon und Simon (2005) haben kulturelle, außerfamiliäre Einflüsse die nötige Prägekraft, um sexuelle Skripte umzuschreiben und das Liebesleben und sexuelles Verhalten nachhaltig zu formen.

Von Sexualisierung als Ursache ist nun die Rede, wenn externe Einflüsse der elterlichen Erziehung massiv entgegenwirken, also wenn etwa die Botschaft zu Hause lautet, Sex gehört in die Ehe, aber im schulischen Umfeld der Konsum von Pornos und wechselnde Beziehungen gang und gäbe sind. Sexualisierung als Ursache liegt auch vor, wenn Schamgrenzen durchbrochen werden und dabei seelische Verletzungen entstehen, die das Kindsein beenden und das Kind dem Einfluss der Eltern entziehen. Im Folgenden wird Sexualisierung gleichermaßen als Symptom und Ursache betrachtet.

In der Literatur meint Sexualisierung die Reduzierung von Menschen auf sexuelle Attraktivität und die (Selbst-) Degradierung zu Lustobjekten sowie die Fokussierung auf Sex in Verbindung mit einer zweifelhaften Befreiung zur ungehemmten Triebbefriedigung als Lebenssinn ohne Berücksichtigung des gesamten biopsychosozialen Zusammenhangs. Sexualisierung hat demnach eine passive Komponente des Sexualisiertwerdens und eine aktive Komponente des Sexualisiertseins. Die passive Komponente beschreibt Dangendorf (2012, S. 15) folgendermaßen: „Sexualisierung ist also dann gegeben, wenn eine Person entweder ungewollt, unangebracht oder in zu hohen Maße mit Sexualität in Verbindung gebracht wird." Und sie ist auch dann gegeben, wenn sich durch „die ständige mediale Stimulierung des Sexualtriebes mit immer schamloseren

Bildern von sexuellen Handlungen aller Art [...] die Einstellungen und das Verhalten der Massen im moralischen Kernbereich des Menschen, der Sexualität ändert", ergänzt Kuby (2012, S. 69) die aktive Komponente. Als Folge sind sexualisierte Verhaltensweisen, Äußerungen und Aufmachungen zu beobachten. Beide Formen der Sexualisierung bedingen einander. Sie können Paarbeziehungen destabilisieren und Kinder aus der Bindung zu ihren Eltern lösen.[1] Besonders unsicher gebundene Kinder sind gefährdet, ihr Schamgefühl nicht vor der Hypersexualisierung durch die Medien und durch das Gleichaltrigenumfeld schützen zu können, während Kinder mit sicherer Bindung in ihre Familie den verschiedenen Formen der Sexualisierung intuitiv eine stärkere Abwehrhaltung entgegensetzen können.

8.1 Normen sexueller Attraktivität

Die Sexualisierung von Mädchen und die Bereitwilligkeit, mit der sie fragwürdige Normen sexueller Attraktivität verinnerlichen, sind ein Thema, das bereits untersucht ist (Walter 2010; Ringrose 2010; Ringrose und Renold 2011; Dangendorf 2012), allerdings selten im Hinblick auf eine belastete Eltern-Kind-Bindung. Ringrose und Renold (2011, S. 402), Professorinnen für Gender and Education,

---

[1] Diese psychosozialen Zusammenhänge sind nicht unbekannt und gehörten auch zum methodischen Grundsatz emanzipatorischer Reformbewegungen. So wird dem Erziehungswissenschaftler Hans-Jochen Gamm (1977) folgendes Zitat zugeschrieben: „Wir brauchen die sexuelle Stimulierung der Schüler, um die sozialistische Umstrukturierung der Gesellschaft durchzuführen und den Autoritätsgehorsam einschließlich der Kinderliebe zu den Eltern gründlich zu beseitigen. "

betrachten die Sexualisierung von Mädchen als „media-fuelled sexualization moral panic". Das Versenden von Nacktbildern über das Smartphone, das sogenannte Sexting, wäre also ganz normales Anbandeln unter Teeangern.

Forscherinnen, die in der Tradition feministischer Schulen stehen, befinden sich in einem Dilemma. Sie erkennen, wie sich die Ideen der sexuellen Revolution auf Frauen und Mädchen ausgewirkt haben, aber interpretieren deren Folgen, die „Zerstörung der Freiheit im Namen der Freiheit" (Kuby 2012), nach wie vor als Empowerment im Geschlechterkampf. Eine Betrachtung gesellschaftlicher Veränderungen darf nicht fehlen, wenn die äußeren Einflüsse auf die Lebenswelt der Schulmädchen berücksichtigt sein sollen:

Seit den späten 60ern beginnt sich im kollektiven Bewusstsein die sexualisierte Rolle von Frauen zu zementieren. Vom Schulmädchen bis zur Nachrichtenmoderatorin ist sexuelle Attraktivität das Attribut, für das Frauen Wertschätzung erfahren. Auf dem radikalisierten Markt der Geschlechter sind Werte wie Keuschheit, Ehe, Treue, Familie und Mutterschaft als reaktionäre Gängelung von Frauen verunglimpft und schrittweise verbannt worden. Unabhängigkeit durch beruflichen Erfolg und emanzipierte Sexiness prägen das moderne Frauenbild, das damit wieder enge Grenzen des gesellschaftlich Gewünschten setzt (vgl. Kelle 2013). Dass Mädchen im Bewusstsein aufwachsen, einerseits unabhängig und familiär ungebunden, andererseits immerzu sexuell attraktiv sein zu müssen, ist eine moderne Entwicklung der letzten Jahrzehnte, die einseitig als Erfolg dargestellt wird: Frauen sind nun nicht länger abhängig von ihren Männern und in Ehen gefangen, heißt es sinngemäß.

Solche Schlussfolgerungen setzten voraus, dass viele Ehen unglücklich waren und viele Frauen sich ökonomisch abhängig und intellektuell unterfordert gefühlt haben.

Durch die politisch gut verzahnte feministische Rhetorik werden Missstände über hundert Jahre nach der Suffragettenbewegung noch immer moralisch instrumentalisiert. Sie sind quasi als Mahnmal im kollektiven Bewusstsein verankert, und so fällt kaum auf, dass die weiter vorangetriebene Emanzipationsbewegung und auch die sogenannte sexuelle Befreiung sich inzwischen in ihr Gegenteil verkehrt haben und der politisch motivierte Bruch mit Errungenschaften einer jahrhundertealten Kultur seinerseits Leid verursacht. Die Bindung zwischen Mann und Frau ist zu etwas Unverbindlichem geworden. Frauen, die ihre Kinder die ersten Jahre zu Hause großziehen möchten, sind in der Position derjenigen, die sich erklären müssen. Das Ziel des aggressiven Feminismus ist das schrittweise Auflösen der Einheit von Liebe, Ehe und Sexualität (Kuby 2012). Das sexualisierte Frauenbild, das auch die Schulmädchen prägt, ist die Folge der Abschaffung oder Umdeutung dieser Werte, die lange Zeit dem familiären und gesellschaftlichen Zusammenleben einen verlässlichen Rahmen gegeben haben. Ein Indikator hierfür ist das Schwinden und Ersetzen von Begriffen:

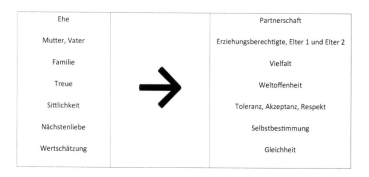

Ehe	Partnerschaft
Mutter, Vater	Erziehungsberechtigte, Elter 1 und Elter 2
Familie	Vielfalt
Treue	Weltoffenheit
Sittlichkeit	Toleranz, Akzeptanz, Respekt
Nächstenliebe	Selbstbestimmung
Wertschätzung	Gleichheit

Wird Sex zu einem Vergnügen ohne jegliche Bindung und Verpflichtung, verliert die in Kultur und Religion verankerte Reglementierung des Sexualtriebs ihren Sinn. In einer sexualisierten Gesellschaft orientiert sich der Wert von Frauen und Mädchen an ihrer sexuellen Attraktivität und Verfügbarkeit. Soziologinnen, die sich dekonstruktivistischen[2] Ideologien (Butler 1990) verpflichtet fühlen, interpretieren das sexualisierte Verhalten von Frauen, die aus Ehe und

---

[2] (De-)Konstruktivismus ist eine soziologische Theorie, wonach alle Bereiche des menschlichen Zusammenlebens nicht nur kulturell überformt, sondern wesentlich konstruiert sind. D. h. die Mutter-Kind-Bindung, die Lebensform der klassischen Großfamilie mit Mutter, Vater, Kindern und Großeltern, die sexuelle Bezogenheit der Geschlechter aufeinander sind nichts Natürliches, sondern soziale Konstrukte, die als solche auch wieder dekonstruiert werden können. Der Schulterschluss aus Dekonstruktivismus, Feminismus und Politik folgt keiner offiziellen Agenda, richtet sich aber z. B. unter dem Begriff „Gender Mainstreaming" stets gegen die traditionelle Familie. „Gender" meint das soziale Geschlecht, das entscheidender sein soll als das biologische Geschlecht. Weil alle Kernbereiche des Menschen Konstrukte sind, ist alles beliebig. Mann- oder Frausein, Mutterschaft, Vaterschaft, sexuelle Identität, Beziehungen, alles sei veränderbar und unverbindlich. Ansatzpunkte der Ideologie, die „Mainstream" werden soll, sind u. a. die Familienpolitik und Sexualpädagogik (Kap. 8.2). Ihr Ziel ist die Dekonstruktion der Eltern-Kind-Bindung, der Vater-Mutter-Kind-Familie und stabiler sexueller Bindungen (vgl. ausführlich: Spreng und Seubert 2014; Kelle 2013, 2015; Kuby 2012).

Mutterschaft befreit und zur vermeintlich sexuellen Selbstbestimmung geführt wurden, nicht als natürliches Liebesbedürfnis, das sich an sexualisierte Normen angepasst hat, sondern als ein im feministischen Sinne selbstbewusstes Agieren auf dem neuen Markt sexueller Möglichkeiten.

Die zahlreichen Beiträge zur Sexualisierungsforschung, die von Ringrose und Renold (2011) und Dangendorf (2012) in Überblicken genannt werden, stoßen in die Kernbereiche des aggressiven Feminismus. Besonders, wenn die Sexualisierung von Mädchen in den Blick der feministischen Wissenschaft gerät, sollten deren Schlussfolgerungen kritisch betrachtet werden. Wenn in den „linken *Cultural Studies*" eine provokant erotische Aufmachung von Mädchen „als Form des Widerstands begrüßt wird", offenbart sich ein feministisches Dilemma wissenschaftlicher Interpretation (Dangendorf 2012, S. 23). Von „media and moral panic" sprechen Forscherinnen, wie Mazzarella (2010, S. 51), wenn öffentliche Diskurse zur Sexualisierung ihrer Auffassung widersprechen.

Frühreife Mädchen beschäftigen zahlreiche Studien mit durchaus unterschiedlichen Ansätzen. Warum der hormonelle Prozess immer früher ausgelöst wird, ist allerdings noch nicht ausreichend erforscht (vgl. Biro et al. 2010). Deardorff et al. (2010) stellen beispielsweise einen Zusammenhang zwischen einem frühen Einsetzen der Pubertät und der Abwesenheit der Väter her. Nicht ausreichend untersucht wird, welchen Beeinflussungsfaktoren Mädchen, deren Eltern beide berufstätig sind oder die in Alleinerzieherhaushalten aufwachsen, noch ausgesetzt sind, wenn ihr Alltag von Gleichaltrigen und Medienkonsum moderiert wird.

Walter (2010) zeigt in ihrem Buch *Living Dolls. Warum junge Frauen heute lieber schön als schlau sein wollen*, dass so manches Ziel des Feminismus gescheitert ist.

> Ich habe einmal geglaubt, dass wir nur die Bedingungen für Gleichberechtigung schaffen müssten, um zu erreichen, dass die Überbleibsel des alten Sexismus verschwinden. Ich bin bereit zuzugeben, dass ich damit falsch lag (Wikipedia-Eintrag über Natasha Walter).

Wenn gewachsene kulturelle Errungenschaften aufgegeben werden, die sich für den Zusammenhalt in Familien und in sexuellen Beziehungen sowie für das geborgene Groß-werden von Kindern bewährt haben, ziehen sich Sexualisierung und Sexismus durch sämtliche Lebensbereiche. Walters (2010) Analyse, in der sie selten nach den tieferen Ursachen für den grassierenden Sexismus fragt, muss eher als Beschreibung einer Symptomatik verstanden werden. Die Modefirma, die sexy Hotpants für 8-jährige Mädchen herstellt, junge Frauen, die im Wettbewerb um ein Fotoshooting nackt in Discos auftreten, oder die vielen entwürdigenden Castingshows im Fernsehen sind lediglich Symptome ein und desselben gesellschaftlichen Zustands.

Walter (2010) sieht in vielen Angeboten an Spielsachen, Kleidung und medialer Unterhaltung für Mädchen eine Beschränkung kindlicher Offenheit und Kreativität auf ein rein körperbezogenes Selbstverständnis. Sexuelle Attraktivität nach den Vorbildern von Teeniestars, Model-Castingshows oder sexy gestylten Bratz-Puppen und Zeichentrickheldinnen führt ihnen täglich vor Augen, „wie eng die körperlichen Ideale definiert sind", die sie als Voraussetzung für soziale Akzeptanz und Anerkennung erfahren (Walter 2010, S. 89). Als noch „recht unschuldig" erwähnt Walter (2010, S. 91) die für ca. 6-Jährige konzipierte Disney-TV-Serie W.i.t.c.h., „fünf Schulmädchen mit Zauberkräften", die, wenn „sie sich in ihr magisches Pendant verwandeln", eine „absurd sexualisierte Gestalt" annehmen – „ihnen wachsen Brüste und sie sausen in bauchfreien Tops und Miniröcken herum".

Wäre das Interesse an Mode und Schönheit spielerischer und freudvoller, wäre auch das Schönheitsideal für junge Mädchen vielleicht nicht so gnadenlos. Britischen Umfragen zufolge sind fast drei Viertel aller Mädchen unzufrieden mit ihrem Körper, und mehr als ein Drittel hält Diät. Eine Studie ergab, dass sogar unter den Elfjährigen eine von fünf versucht abzunehmen, eine andere, dass die meisten Sechsjährigen gerne dünner wären, als sie sind (Walter 2010, S. 89).

Mädchen verlassen schon frühzeitig die Rolle der Zuschauerin und stellen sich wie ihre Idole in erotischer Aufmachung dar, ermöglicht durch ein entsprechendes Sortiment an Kleidung, Accessoires sowie Schmink- und Stylingutensilien (Walter 2010). Die Entdeckung der Onlinemedien als ideale Plattform stellt heute die entscheidende Sozialisationsphase dar. Oft schon vor dem Teenageralter verlagert sich das passive Bewundern erotisch faszinierender Vorbilder anhand einfachster Foto-Uploads hin zu einem aktiven Sich-selbst-in-Szene-Setzen. Die sorgfältige Selbstdarstellung „entspricht oft einer Ästhetik, die vorgeformt ist von den semipornographischen Bildern, auf die die Teilnehmerinnen andernorts treffen":

„Sie machen alle gegenseitig Fotos von sich", erzählte mir die Mutter einer Halbwüchsigen, „und allzu oft sind es diese sehr erotischen, provokativen Fotos. Diese elf-, zwölf-jährigen Mädchen – plötzlich sehen sie aus wie Sechzehn-jährige, die sich selbst zum Sex anbieten" (Walter 2010, S. 93 f.).

Mit diesem Zitat einer Mutter bringt Walter das jüngste Nutzerklientel ins Gespräch. Sie geht zwar nicht weiter auf die Bilderwelten ein, beschreibt aber kulturell-mediale Einflüsse auf junge Mädchen, die sich in den Selbstdarstellungen auf ihren Onlineprofilen widerspiegeln. Das entscheidend Neue im Vergleich zu Mädchengenerationen aus den 1990er Jahren ist nicht die Zunahme hypersexualisierter Inhalte und Botschaften in den klassischen Medien oder das Angebot freizügiger und körperbetonter Modemarken für Mädchen, sondern der neue selbstbewusste Blick der jungen Rezipientinnen auf mediale Vorbilder.

Eine israelische Studie (2011) befragte 248 Mädchen zwischen 12 und 19 Jahren (Durchschnitt 14,8 Jahre) über beliebte Shows und Serien im Fernsehen sowie über ihre Facebook-Nutzung, Essgewohnheiten, Diäten und Selbstbilder. Das Fernsehen liefert die Vorlagen – „extreme standards of physical image (the „Barbie" model)" –, und auf Facebook werden diese ins Selbstbild übernommen:

The results showed that the more time girls spend on Facebook, the more they suffered conditions of bulimia, anorexia, physical dissatisfaction, negative physical self-image, negative approach to eating and more of an urge to be on a weight-loss diet. (University of Haifa 2011, unknown author)

Im Handumdrehen kann eine 12-Jährige Fotos von sich in kurzen Hotpants und mit „Poserausschnitt" genauso wie der Teeniestar im neuesten Musikvideo auf ihrem Onlineprofil präsentieren. Mit dem Distanzverlust zu den klassischen Medien und ihren propagierten Stars wird der Schritt von der passiven Zuschauerin zur aktiven Selbstdarstellerin effektiv vollzogen, da es so schnell und sogar noch „hübscher" nachzumachen geht. Die Sexualisierung von Kindern erreicht ein neues Niveau, denn sie findet nicht mehr nur in ihren Köpfen und in Projektion auf sexuell inszenierte Popidole statt, sondern verlagert sich immer schneller hin zur aktiven Komponente der Sexualisierung. Eine 10-Jährige, die in der 5. Klasse im Aufklärungsunterricht Kondome über Holzpenisse zieht, parallel von Medien für Teenager über verschiedene Spielarten von Sexualität und das „erste Mal" aufgeklärt und von Freundinnen mit detaillierten Stylingtipps für sexuelle Attraktivität versorgt wird, verliert nicht nur ihr kindliches Schamgefühl, sondern inszeniert einen neuen sexualisierten Habitus auf Facebook und Instagram. Aus einem Kinderzimmer, das ehemals mit *Bravo*-Postern von aufreizend inszenierten Stars ausstaffiert war, wird ein provisorisches Fotostudio mit Internetanschluss, von dem aus beste Freundinnen ihre gesamte Jahrgangsstufe nun selbst mit perspektiven- und posenreichen Fotostrecken versorgen.

8.2 Sexualisiertes Verhalten unter Teenagern

Was beeinflusst die Identitätsbildung von Mädchen, die durch das überbetonte Inszenieren von sexueller Bereitschaft auffallen? Müssen sie sich sexy präsentieren, um überhaupt wahrgenommen zu werden? Von wem wollen sie unbedingt als sexy wahrgenommen werden? Von Jungen, die Porno-Clips gucken? Von ihren Freundinnen, die ihr Taschengeld für Schminke ausgeben? Gibt es keinen Gegenpol zu *Germanys next Topmodel*, *Der Bachelor* und *Shopping Queen*? Wie erleben die vielen *sexy* oder *crazy priincessiis* mit den Kulleraugen, Schmollmündchen und engen Tops das Verhältnis zwischen ihren Eltern? Ist ein liebevoller Vater da, oder kennen sie männliche Blicke nur als lüstern und bewertend?

Der Sexualisierungsdruck in den Medien und unter Schülern verunsichert auch Mädchen, die sich nicht primär an Gleichaltrigen orientieren und in ihren Familien sicher gebunden sind. Die Überbetonung und Normierung von sexueller Attraktivität ging Hand in Hand mit der Lösung der Einheit von Sex, Liebe und Partnerschaft. Wenn Sex zur Lustbefriedigung oder Suche nach Bestätigung wird, richtet sich eine entsprechend eindimensionale Erwartung an das Gegenüber.

Die dreißigjährige Liberalisierung der Sexualität, die Entnormung sexuellen Verhaltens, hat – besonders seit 1975, da die einfache Pornographie erlaubt wurde – die Intimräume vor allem mit Hilfe des Fernsehens, und zwar keineswegs nur durch Sendungen nach Mitternacht, aufgesprengt und Pornographisches […] nachdrücklich zur Schau gestellt (Meves 2007, S. 114).

Die „juristische Deregulierung der Sexualität" von der Zulassung der Anti-Baby-Pille über die Freigabe der Pornografie und die Liberalisierung der Abtreibung bis zur Anerkennung der Prostitution als Dienstleistung belegt nach Kuby (2012, S. 70 f.) den erfolgreichen „Marsch durch die Institutionen" mit dem Ziel, die bürgerliche Familie und ihr Wertesystem abzuschaffen. Das Medienprogramm ist auf dieses Ziel eingeschworen. Hinter der Maxime *Sex sells* steht die Strategie „As sex goes, so goes the family, as the family goes, so goes society" (Kuby 2012, S. 69).

Jenseits der pornografischen Angebote geht es in den meisten TV-Serien um die Turbulenzen, die die sexuelle Befreiung mit sich bringt. Extrem zugespitzt trägt das zwischenmenschliche Chaos ständig wechselnder Paarbeziehungen die Handlung. Folge für Folge erlebt der Zuschauer die sexuellen Bedürfnisse und Erfahrungen der Charaktere. In der anschließenden News-Sendung wird das unstete Beziehungsleben von Promis genussvoll seziert, an erster Stelle das von Teeniestars. Permanent wird berichtet, wer gerade wen „datet", betrügt, heiratet oder wieder verlässt. In Reality-TV-Shows werden Situationen arrangiert, die Geschlechtsverkehr unter den Teilnehmern nahelegen, und in Castingshows wird die Vergangenheit der Kandidaten durchleuchtet (vgl. Klaus und O'Connor 2010).

Die bei Jugendlichen beliebte Serie *How I Met Your Mother* handelt davon, dass „sich kennenlernen" inzwischen bedeutet, sich im Bett auszuprobieren. Ted Mosby berichtet seinen Kindern bzw. dem Publikum in Rückblicken, wie er ihre Mutter kennengelernt hat, ohne das Geheimnis je zu lüften, aber in jeder Folge findet ein neues „Kennenlernen" statt. Der eigentliche Star der Serie ist sein Freund, der sex-süchtige Barney Stinson, dessen einfallsreiche Eroberungs-taktiken den Plot wesentlich moderieren, während das mit ihnen befreundete Pärchen Marshal und Lily eher als gro-teske, gesellschaftliche Randerscheinung porträtiert wird. In der vergleichbaren Serie *Two and a Half Men* verfolgt der sympathische Held Charlie das Ziel, mit so vielen Frauen wie möglich zu schlafen. Sein Antiheld ist ein neurotischer Familienvater, der mit seiner Frau in Scheidung lebt. Der Plot ist stets witzig und nichts scheint ernst gemeint. Was an der situativen Oberfläche humoristisch wirkt, prägt jedoch über das immer gleiche Handlungsschema die Einstellung der jugendlichen Konsumenten. Die „Zusammenhänge zwischen Liebe, Bindung und erfüllter Sexualität" (Freitag 2013, S. 20) werden ausgeblendet.

Jugendliche positionieren sich als scheinbar unbeein-flusste und belustigte, teils sarkastische Rezipienten dieser Formate des Lifestyle-TV (vgl. Spreckels 2014, S. 166 f.), in denen es „um die Verkörperung sozialer Normen geht" (vgl. Thomas 2010). Nicht die Inhaltsebene der nachge-stellten Alltagssituationen in den Shows oder in den Serien wirkt auf den Zuschauer, sondern die wiederholten Muster im sozialen Handeln werden zu adaptierten Vorlagen. In der gegenwärtigen Medienkultur prägen solche TV-Forma-te soziale Praktiken und Normen der alltäglichen Lebens-führung (vgl. Thomas 2010). Zur neuen Normalität gehört es, Gefühle auf dramatische Weise in der Öffentlichkeit zu inszenieren, ob nun auf Facebook oder als Teilnehmer ei-ner Castingshow, während der Wechsel von der einen in die andere Liebesbeziehung, als quasi wichtige Erfahrung selbstverständlich geworden ist.

Aus neurowissenschaftlicher Sicht (Besser 2010, S. 101) ist es die „emotionale, geistige und psychosoziale Nahrung mit dem dazugehörigen sensorischen Input, welche das Gehirn (Neuroplastizität) und damit die Persönlichkeit des Einzelnen und damit auch insgesamt die Gesellschaft, ihre Werte und Normen und ihren Geist formt und prägt". Nach Besser (2010) können besonders die Gehirne alleingelassener Kinder und Jugendlicher – „ohne sichere Bindung und ohne konstruktive erwachsene Vorbilder" – dem Sog der Medien „als Ersatzbefriedigung" wenig entgegensetzen. Mit Blick auf die „mediale Sexualisierung der Gesellschaft durch Internetpornographie" zweifelt Besser (2010, S. 103) daran, dass Kinder, die „Perversionen in Großaufnahme ins Gehirn gebrannt bekommen", noch innere Vorstellungen von Beziehungen entwickeln können, „die von gegenseitiger Wertschätzung und Zuneigung getragen sind und in denen sich Liebe und Lust durch Beziehungsfähigkeit entfalten können".

Die jugendlichen Zuschauer lachen über die auf Smartphones verbreiteten Pornoclips, um vor sich und ihren Freunden das Gesicht zu wahren und ihre ambivalenten Gefühle zwischen Erregung und Ekel zu überspielen. Da nicht nur die Pornodarsteller entblößt werden, sondern die Verletzung der Scham auch im Betrachter wirkt, brennen sich die Szenen tief ins Unterbewusste ein. Selbst wenn nicht in völliger Enthemmung das Gesehene nachgestellt wird (vgl. Siggelkow 2008), ist fraglich, ob mit diesen Bildern im Kopf das eigene sexuelle Erleben wieder in unbeleuchtete, intime Sphären zurückgeführt werden kann, wie Besser (2010) anzweifelt.

Besonders unsicher gebundene Mädchen glauben offenbar, diesen Videos und Bildern, die ihre männlichen Mitschüler faszinieren, etwas entgegensetzen zu müssen. In der medienpädagogisch dominierten Debatte um das Sexting wird vor allem die Unwissenheit der Eltern hinsichtlich der technischen Möglichkeiten von Smartphones als Ursache ausgemacht. Dass ein 15-jähriges Mädchen mit einem intakten Selbstwert- und Schamgefühl kaum Veranlassung hat, sich von Jungen unter Druck setzen zu lassen und Nacktfotos mit dem Handy zu verschicken, weil sie diese sexuell-eindimensionale Art von Anerkennung nicht nötig hat, wird ausgeblendet. Es ist bequemer, von einem Zusammentreffen von Pubertät und neuen technischen Möglichkeiten zu sprechen.

Internetnutzung ohne Konfrontation mit pornografischen Inhalten ist kaum möglich: „The average age of a child's first exposure to pornography is 11. A total of 90 percent of children ages 8–16 have viewed pornography online" (Internet Pornography Statistics 2006). Bereits 2005 tauchen in den Gästebüchern von Teenagern Bilder und kurze Clips mit pornografischen Inhalten aus den Weiten der Netzwelt auf. Die Spanne reicht von geposteten Bildern mit genital-oraler Sexualität in Gruppen bis hin zur kurzen, sich ständig wiederholenden Videosequenz mit analer Selbstbefriedigung, bei der eine rektal eingeführte Glasflasche zerbricht, was von den Teenagern – vor allem von Jungen – mit einer Mischung aus Ekel, Irritation und Spott kommentiert wird.

Pornografische Bilder sind zwar nur selten in den Onlinegästebüchern von Minderjährigen vertreten, doch die Einschätzung der Pornography Statistics erscheint realistisch. Ein Internetnutzer, egal welchen Alters, begegnet nicht nur soft-erotischen sondern auch pornografischen Inhalten, auch ohne gezielt danach zu suchen. Von einer „Pornoseuche" und emotionaler Verwahrlosung unter Teenagern unabhängig von sozialen Schichten berichten Siggelkow und Büscher (2008) und Freitag (2013). Die zerstörerischen Folgen des Pornografiekonsums liegen in der völligen Abspaltung der sexuellen Funktion von der Person begründet. Der Konsument reduziert sich selbst und andere auf ein Objekt zum Lustgewinn und wird wie bei einer stoffungebundenen Sucht in immer größere Entwürdigung getrieben (vgl. Kuby 2012). Belege hierzu finden sich bei Siggelkow und Büscher (2008), Freitag (2013) und García-Gómez (2009, 2010, 2010a, 2011, 2013), der Einträge auf den Facebook-Pinnwänden 14- bis 17-jährige Mädchen aus Großbritannien untersucht. Gegenstand der Studien sind sexuelle Identitäten, die im öffentlichen Schlagabtausch eifersüchtiger, um einen Jungen konkurrierender Mädchen zutage treten. García-Gómez zeigt mehrere Belege, mit vulgärsprachlichen Umschreibungen von sexuellen Handlungen auf den Facebook-Seiten von Mädchen, die sich gegenseitig in ihren sexuellen Erlebnissen mit dem begehrten Jungen überbieten wollen:

He writes to u but I'm in bed with him. U whore. I eat his cock EVERYDAY. . u r bitch but u don't know how to make him cum. I was with him yesterday and he fucked ME ... so hard, so hot, so suckable. I went on him and he puts his hands on the back of my head, bucking his hips, and really getting into watching me deep throat his cock all the way without gaggin'. Can u do that? You wish!

(Facebook-Korpus von García-Gómez 2011, S. 10).

How dare u! U know what. He told me when I was licking his cock u never did get a full load in your mouth from him. And I DID! He fingered me with three of his fingers and I hit the most powerful orgasm of my life. It was so INTENSE. I moaned and moaned and moaned. Yes, I am a slut and I love it!!!

(Facebook-Korpus von García-Gómez 2011, S. 11)

Solche Einträge eifersüchtiger Mädchen mit drastischen Schilderungen über ihr sexuelles Erleben konnte ich nicht beobachten, und sie entsprechen auch nicht der kommunikativen Norm unter Schulmädchen. Allerdings zeigt sich in diesen affektbehafteten Schreibsituationen eine liberalisierte Einstellung zur Sexualität (Meves 2007; Kuby 2012), die in dieser Generation verbreitet ist. Mit den besten Freundinnen werden umgehend sexuelle Erlebnisse besprochen, mitten im Schulunterricht erinnert ein Handysignal daran, dass es Zeit ist, die Pille zu nehmen, und in den Onlinenetzwerken finden sich zahlreiche öffentliche Einträge, in denen Mädchen schwärmen, wie glücklich sie von ihrem neuen Freund gemacht werden. Wenige Dates und ein Anflug von Verliebtheit reichen aus, um miteinander zu schlafen. Die meist kurzen Beziehungen sind oft auf das sexuelle Verhältnis reduziert. „This understanding of sex gives these young women a very limited and biased view of what staying in a relationship means" (García-Gómez 2013, S. 201).

Jedes dritte 14-jährige Mädchen besucht einen Frauenarzt, um sich über Verhütungsmethoden beraten zu lassen (BZgA, Jugendsexualität 2010). Die ärztliche Unterweisung im Gebrauch der Antibabypille kann schon als Initiationsritus gelten, denn der erste Freund lässt doch bestimmt nicht mehr lange auf sich warten. Angesichts der neuesten Forschung zur Gehirnentwicklung von Teenagern ist dieser hormonelle Eingriff ein riskantes Massenexperiment ohne ethische Bedenken von offizieller medizinischer Seite. Offenbar befinden sich zahlreiche Bereiche im Gehirn in einer sensiblen Umstrukturierungsphase und in einem stärkeren Wachstumsprozess als bisher bekannt war (vgl. Strauch 2014). Dieser erreicht zwischen dem 14. und 17. Lebensjahr seinen Höhepunkt und ist erst deutlich jenseits des 20. Lebensjahres abgeschlossen. Wenig weiß man bisher über die Langzeitwirkung dieses täglichen hormonellen Eingriffs auf die Gehirnentwicklung von Mädchen in diesem Alter. Allerdings gibt es Untersuchungen zu Alkohol und Nikotin, die belegen, dass beide Stoffe einen noch schädlicheren Einfluss auf das Gehirn von Teenagern haben als bisher angenommen, da es eben nicht fast fertig ist, sondern mit Beginn der Pubertät noch einmal zu einer komplexen Baustelle wird (vgl. Strauch 2014). Hinsichtlich dieser Umstrukturierung reichen die Teenagerjahre an die entscheidenden ersten beiden Lebensjahre heran (vgl. Strauch 2014).

Sicher ist sich die Gehirnforschung auch darin, dass der Sexualtrieb der kognitiven und emotionalen Entwicklung oft weit voraus ist. Ein ausgeglichenes Beziehungs- und Sexualleben setzt aber voraus, dass beide Partner dazu in der

Lage sind, über die eigene Befriedigung hinaus den anderen Menschen in ihrem Leben anzunehmen (vgl. Strauch 2014). Teenager werden während ihrer instabilen Reifungsphase wie kleine Erwachsene behandelt und nach einer Instruktion in Sachen Verhütung sehenden Auges in ihre erste Beziehungskrise entlassen, weil diese inzwischen als normale oder gar wichtige Erfahrung gilt. Viele Eltern sehen die körperliche Reife ihrer Kinder und haben nicht die Kraft, die moralische Glaubwürdigkeit oder überhaupt die Veranlassung, dem sexuellen Druck ihrer Söhne und der Verliebtheit ihrer Töchter Grenzen zu setzen. Trennungsschmerz und Verlusterfahrungen sind die Folgen der selten tragfähigen Beziehungen unter Teenagern gerade in der Phase, in der das unfertige Gehirn maximale Plastizität erreicht und Erfahrungen förmlich aufsaugt. Warum also entlässt man pubertierende Jungen und Mädchen, deren Gehirn zukunftsbezogenes Denken noch kaum leisten kann und deren limbisches System (Zentrum für Gefühle, Beziehungen und Bindungen) für prägende Erfahrungen noch weit offen ist, in absehbare zwischenmenschliche Krisen, die das altersgemäße Ausgestalten von Freundschaften weit übersteigen?

Es ist die Aufgabe der älteren Generation, im Sinne der moralischen Kernbereiche des Menschen auf die Heranwachsenden einzuwirken. Die offiziell vermittelte Sexualmoral ist ein Indikator für den Zeitgeist, der auf die Schulmädchen Einfluss nimmt. Ein genauerer Blick ins Klassenzimmer lohnt sich also:

Moderne Aufklärung an Schulen ist oftmals ein Verhütungsunterricht, der die sexuelle Aktivität der angesprochenen Teenager voraussetzt und an die mediale Sexualisierung anknüpft. Die Lehrer verlassen das Klassenzimmer, während externe Sexualpädagogen über sexuelle Praktiken und Orientierungen berichten. Schwangerschaften werden als Unfall dargestellt und in einem Atemzug mit „Pille danach" und Abtreibung genannt. Wie auf einem Werbeplakat der BZgA lautet die Botschaft gegenüber Schülern der Unter- und Mittelstufe: „Macht es, aber macht es mit", und nebenbei werden sexuelle Vielfalt und Homosexualität als natürliche Option dargestellt:

> Alle denkbaren Spielarten von Sexualität und Partnerschaft sollen als gleichermaßen erstrebenswert dargestellt werden. Das Kind soll seine eigene sexuelle Identität infrage stellen. Damit werden die Kinder gezielt verunsichert und desorientiert (von Beverfoerde 2012, S. 3).

Ein Einblick in die neuen Schulrichtlinien findet sich auf der Seite des Deutschen Instituts für Jugend und Gesellschaft (DIJG, 2011), darunter auch diese Selbsteinschätzung der BZgA: „In den Richtlinien ist keine Zielführung der Sexualerziehung im Hinblick auf Ehe und Familie auszumachen." Pro familia ist mit der BZgA eng verwoben und wendet als Deutschlands größtes Beratungsangebot in Sachen Sex, Beziehung, Schwangerschaft und Verhütung die Theorie in der Praxis an. Die Onlineseite von pro familia für Jugendliche zeigt die Auswahlfelder „Pille danach", „Deine Rechte", „Verhütung echt krass" und „Das erste Mal". Für das erste Mal braucht man „einen bequemen, warmen, ungestörten Ort, Zeit und Ruhe und Verhütungsmittel", lesen die Teenager, wenn sie auf das Feld klicken. „Für das Mädchen ist es manchmal sehr schön, wenn beim

Verkehr der Kitzler gestreichelt oder gerieben wird", aber „Ihr solltet wirklich nur die Sachen versuchen, die Euch wirklich Spaß machen", lauten die Ratschläge und deren letzter: An das erste Mal wirst „Du Dich mit Sicherheit immer erinnern".

Wird man sich nur an das erste Mal oder auch an den Menschen immer erinnern? Wie ist das, wenn auf die erste Liebe eine zweite und dritte Liebe folgt und die neue Liebe endlich die große Liebe sein soll? Pro familia meint zu Liebeskummer: „Wenn Du Dich das nächste Mal verliebst, geht es Dir wieder super!" Ist eine neue Liebe wirklich wie ein neues Leben? Auf Facebook kann man alte Fotos löschen, aber kann man nach einer sexuell intimen Beziehung auch seelisch wieder Tabula rasa machen? Wie beeinflussen vorangegangene Beziehungen die Zukunft? Verantwortungsbewusste Erwachsene sollten genau diese Fragen für die ratsuchenden Teenager mitdenken, doch genau das Gegenteil ist der Fall. Macht, was euch Spaß macht, solange ihr nur richtig verhütet, lautet die unmissverständliche Botschaft.

„Sex – Wo geht's hier zu den tollen Gefühlen?", fragt die Pro-familia-Broschüre „Sex, Respekt, Lust und Liebe". Von Gefühlen ist kaum die Rede, von Liebe gar nicht, von gutem Sex umso mehr. Sexanfänger sollen sich durch „Berührungen und Selbstbefriedigung" immer wieder neu erforschen. „Öfter mal Neues ausprobieren, kann eine gute Idee sein. Sanft streicheln oder fest, massieren, kratzen, küssen, kitzeln, mit der Zunge spielen, drücken, reiben…" Wer seinen Körper kennengelernt hat, darf loslegen: „Zum Sex gehören alle Sinne. Sich ansehen, hören, spüren, riechen und schmecken. Tiefe Blicke, miteinander flirten, sich aneinander schmiegen, reden, küssen, streicheln, sich gegenseitig ausziehen – das alles kann sexy und erregend sein. Probiert, was euch gefällt." Die Fortgeschrittenen erfahren, dass es „viele verschiedene Sex-Praktiken, Stellungen und Varianten" gibt und dass keine „besser oder schlechter als die andere" ist, denn „es liegt alles bei den Beteiligten". Dennoch gibt es einen Tipp: „Besonders erregend sind meist die Berührungen an Brust, Penis, Hoden, Klitorisperle und Scheidenlippen."

Über zwischenmenschliche Gefühle, die über körperliche Erregung hinausgehen, über tragfähige Beziehungen und über den Zusammenhang von Bindung und Liebe erfahren die Teenager nichts, dafür aber, was die Zahl 69 bedeutet: „Beim Oralverkehr kann man sich gegenseitig durch Küssen, Lecken, sanftes Knabbern und Saugen erregen, manchmal bis zum Orgasmus. Wenn zwei Menschen sich gleichzeitig mit dem Mund befriedigen, nennt man das ‚69'." Und es gibt noch mehr „tolle Gefühle" zu entdecken: „Analverkehr geht am besten mit besonderer Vorsicht, einem vertrauten Umgang miteinander, viel Gleitgel und etwas Erfahrung in Sachen Sex." Wer sich wundert, hat wohl zu viele romantische Klischees im Kopf: „Es gibt viele Klischees beim Thema Sex. Zum Glück dürfen Mädchen und Jungen heute sagen, wenn sie puren Sex – eben ohne Romantik – wollen. Und beide dürfen sagen, wenn sie zärtlich gestreichelt werden wollen. Erlaubt ist, was beiden gefällt."

Wie verarbeitet ein Teenagergehirn, das sich noch wesentlich in der Entwicklung befindet, sexuelle Intimität und wieder „Schlussmachen"? Wie verarbeitet es Oral- und Analverkehr ohne Romantik, aber dafür vielleicht mit verschiedenen Partnern? Ist später eine Veränderung im

Sexualverhalten zu einer stabilen, liebevollen Beziehung mit eigenen Kindern noch problemlos möglich? Junge Frauen sind die Ratsuchenden bei pro familia. Nach der obligatorischen Beratung vor einer Abtreibung, die den größten Prozentsatz der Anfragen ausmacht, beziehen sich ihre zweithäufigsten Fragen auf die beiden Bereiche Lebensberatung und Beziehung. Im Klartext: Beziehungskrisen. Vermutlich brauchen sie keine Nachhilfe im Umgang mit Penis und Hoden, sondern wollen wissen, warum die neue Beziehung schon wieder schiefläuft. Sie vermissen echte Wertschätzung, Treue und wahre Liebe. Sie wollen endlich bedingungslos vertrauen und angenommen sein, aber bringen die nicht vollständig zu kappenden Bindungen zu ihren Exfreunden mit in die neue Beziehung, die wieder mit Sex ihren Anfang nimmt und von Sex moderiert wird.

Eine sexuell intime Beziehung ist die engste Bindung, die zwei Menschen eingehen können. Wie viel Intimität, Exklusivität und Geborgenheit kann sich ein Paar bieten, wie viel Wertschätzung kann der eine für den anderen aufbringen, wenn Beziehungen aneinandergereiht werden und der größte Liebesbeweis auf körperlicher Ebene eine Banalisierung durchläuft? Dass Intimität eine „ausreichend stabile Identität" voraussetzt, die erst am Ende der Adoleszenz erreicht wird, und dass das wechselhafte Eingehen und Auflösen von intimen Beziehungen die eigene Identität destabilisiert (Freitag 2013, S. 18, 113), wird in kaum einer schulischen Aufklärungsschrift erwähnt.

Mehrere Studien untersuchen den Zusammenhang von Ehezufriedenheit/Scheidungsrisiko und vorehelichen Partnerschaften/Sexualkontakten. So weisen etwa Teachmans (2003) statistische Daten darauf hin, dass Frauen, die ihre ersten Erfahrungen sexueller Intimität mit demjenigen machen, der ihr Ehepartner ist oder sein wird, einem geringeren Risiko des Scheiterns der Ehe ausgesetzt sind, als Frauen, die vorher Sex mit anderen Partnern hatten. Die Ergebnisse der Studien sind insgesamt eindeutig: „Both men and women who only had sex with the one individual demonstrated a lower likelihood of divorce than those who had sex with multiple partners" (Willis 2011). Ehemalige Beziehungen scheinen sich negativ auf die Stabilität einer Ehe auszuwirken (vgl. Legkauskas 2009; Rapp 2008; Heaton 2002; Hellwig 2001).

Pädagogen, die den Wunsch der meisten Jugendlichen nach stabilen Beziehungen ernst nehmen, berücksichtigen das ganzheitliche Verhältnis von Liebe und Sexualität und setzen Kontrapunkte, die manchmal gerade bei Kindern und Jugendlichen aus schwierigen Familienverhältnissen auf offene Ohren stoßen. Sex ist nicht so belanglos wie ein gemeinsames Essen, ein Händeschütteln oder eine Umarmung, auch der „pure Sex" beim One-Night-Stand nicht. Es bleibt etwas hängen, und man lässt etwas von sich los. So umschreiben es Psychologen aus ihrer therapeutischen Erfahrung heraus. Teenager, deren Persönlichkeitsentwicklung noch in vollem Gange ist, sollten nicht auch noch in der Schule dazu ermutigt werden, vielfältige sexuelle Erfahrungen zu machen.[3]

---

[3] Ausführlich beschreibt Kuby (2012) die Methoden und Folgen der staatlichen Sexualerziehung. In Kindergärten und Schulen werden Kinder über alle Arten der Sexualität detailliert aufgeklärt und dazu angehalten, sich gegenseitig in „Doktorspielchen" sexuell zu stimulieren. Bilderbücher über Homosexualität, Koffer voller Sexspielzeug oder pantomimische Rollenspiele sollen die Akzeptanz gegenüber anderen Lebensweisen fördern, über AIDS und Verhütung aufklären und verborgene Wünsche offenlegen.

Die sexualpädagogische Botschaft an Jugendliche: „Lebe
deine Lust!" ist in der einschlägigen Literatur laut zu ver-
nehmen. Als einzige Grenze wird an die Freiwilligkeit und
Selbstbestimmung der Beteiligten appelliert. Dieser Ap-
pell muss ins Leere gehen, wo jeder als prüde erscheint,
der Nein sagt und wo sexuelle Grenzüberschreitungen im
Chat, in pornografischen Clips, im sog. „Sexting" als Teil
von Normalität erscheinen (Freitag 2013, S. 19).

In der „Sexualpädagogik der Vielfalt", die sich gegen den
„Zwang der Zweigeschlechtlichkeit" richtet, wird explizit
die „Veruneindeutigung" und „Verwirrung" der Jugendlichen angestrebt (Freitag 2013, S. 21 f.; vgl. auch Voigt
2014). Als einer der ersten Psychoanalytiker beschreibt
Spranger (1882–1963) homoerotische Phasen im Jugendalter:

> Zärtlichkeiten und Umarmungen, wie sie besonders unter
> jungen Mädchen häufig sind, scheinen schon deutlicher
> auf eine sexuelle Komponente hinzuweisen. Und man
> kann nicht leugnen, daß von hier nur eine unscharfe Gren-
> ze zum homosexuellen Verkehr hinüberführt (Spranger
> 1966, S. 115).

Dass diese Phase in ein Entwicklungsstadium fällt, welches
noch offen für verschiedene Beeinflussungen ist, veranlasst
ihn zur Mahnung mit visionärem Blick auf moderne Se-
xualtheorien: Mädchen, die sehr für ihre Freundin schwärmen, darf nicht eingeredet werden, dass sie eine angebore-
ne homosexuelle Neigung haben könnten (Spranger 1966;
vgl. zur „homoerotischen Durchgangsphase" auch Meves
2007, S. 130).

Ein Ausschnitt aus dem Eintrag (2009) der 13-jährigen *selinaX33* beschreibt die beginnende Spirale sexueller Desorientierung:

freu mich schon auf SAMSTAG BEI DEM DAD, HAUSPARTY! saufen uns voll di birne weg ^^ und laufn nackt durch die wohnung oder!? . xD iijaaah XD des kennma ja scho vanny. xD auf's ganze we freu ich mich mit dir ! ich hoff du hast freitag zeit. iijaaaah. weiß jetz auch nimma was ich schreiben soll . achja, auch wegen gerade ebn danke ! und so . flagg' grad in da wannee. und kuschel gleich mim flauschii seim pulli . morgen sind ma di echten gangster! aber wir stehen alles durch was > männer < betrifft., wie ich om schon gschriem hab „ausgfotzte oaschlecha". wir sind jetz eh schon lesbisch mit juleeez. alsoo (: und lesben sind di besten., oder auch Bi ., < >>bisschen bi schadet nie. zu viel bi machts arschloch hi :DD << iijaaaaah . * auf sowas stehma ., umschnall dildo. ^^ aaaah jetz fällt ma was ein.. beim geiger bei talk talk talk fun oder wie des gheißn hat. diee tuss „ich weiß nich mal wie man eine kondom drüber zieht., macht man des mit einem handgriff" XDD oder der aerobic shit oder wie ma des schreibt. , „und drüüüüüüüüü- ber ziehn" *ganz nach unten gehn* . „warum gehst du nicht ganz nach unten – „äähm, sry mein freund hat nich so nen großen" xDDD iijaah oder die pornos, auf redtube. de oder xxx.de oder youporn.de xDD ijaaaah man ^^ war schon geil mim zwerg. „jeeetz stellt sich gleich da laptop auf" xDD waaaah* ich kann wieder lachen, ich hoff' du auch !? . ich liebe dich so!

Die angeschriebene Freundin verbringt das Wochenende bei ihrem „Dad" und plant eine unbeaufsichtigte „Hausparty" (*saufen uns voll di birne weg ^^ laufn nackt durch die woh-nung*). Ihr Gedankensprung zu romantischen Gefühlen (*kuschel gleich mim flauschii seim pulli*) wird abgelöst von Aggressionen gegen *männer*, die als *ausgfotzte oaschlecha* ti-tuliert werden, um dann zum Spaß ein Verhaltensklischee erwachsener Frauen aufzugreifen, die sich wegen frustrie-render Erlebnisse mit Männern sexuell an Frauen orientie-ren (*wir sind jetz eh schon lesbisch*). Die 13-Jährige erwähnt Zoten (*bisschen bi schadet nie. zu viel bi machts arschloch hi*) und perverse Praktiken (*auf sowas stehma., umschnall dil-do*), woraufhin ihr eine Folge der ProSieben Moderations-sendung *talk talk talk* einfällt, die dem Fernsehpublikum anhand des Themas Verhütung eine Mischung aus Sex und Belustigung bot. Spaß bedeutet im Freundeskreis von *seli-naX33* auch gemeinsam Pornos gucken:

> ijaah man youporn . (: des zieh ma uns mal mim hasii rein ^^ ich weiß dass ich geil bin umsonst bist ja ned so feucht immer :DD ich liebe dich soo sehr <33

In einem weiteren Eintrag ist zu lesen:

> […] & dann bei mir daheim :DD ich fick dich soo & veh-low sieht alles. kommt mei mam rein „poppts ihr oda was ??" hüüüpf voll schnell von dir runta ^^ dann is draußen & gleich wieder auf dir gwen und gefickt was gegangen is. na kommt mei sis .. wieder voooll schnell runta „ihr machts ja as bett kaputt" XDD sooo geil ^^ […]

Die lustige Perspektive der Mädchen auf das Erlebte – vgl. die vielen Smileys *xD:DD xDD* – darf nicht darüber hinwegtäuschen, dass hier Intimität und sexuelle Erregung zu einem Gruppenerlebnis wird. Wenn aus den Kuschelzonen in den Cliquen ein Sozialisationsraum ohne natürliche Schamgrenzen wird, verlieren Eltern ihren Einfluss.

Sigmund Freud (1905, S. 136) beobachtet, „daß die äußeren Einflüsse der Verführung vorzeitige Durchbrüche der Latenzzeit bis zur Aufhebung derselben hervorrufen können, und daß sich dabei der Geschlechtstrieb des Kindes in der Tat als polymorph pervers bewährt; ferner, daß jede solche frühzeitige Sexualtätigkeit die Erziehbarkeit des Kindes beeinträchtigt". Die Verletzung des Schamgefühls zerstört die Bindung zu den Eltern und kann zu einer sexuellen Enthemmung führen. Besonders gefährdet sind Kinder, denen durch die Trennung der Eltern oder vergleichbar traumatische Erlebnisse vorher schon seelische Verletzungen zugefügt wurden.

Falls das Beispiel von den 13-jährigen Mädchen, die die Vorzüge von *redtube.de oder xxx.de oder youporn.de* unterscheiden können, zu sehr nach „moral panic" klingt, zeigt ein Blick auf alltägliche Phrasen, was tatsächlich normal geworden ist: „ihr erster Freund", „ihr Exfreund", „ihre erste Liebe", „mit dem lief mal was" oder „mit dem hatte sie mal was". Die Biografie eines 14-, oder 15-jährigen Mädchens, das seinen „ersten Freund" mit nach Hause bringt, ist in dieser Formulierung bereits angelegt. Man geht davon aus, dass die Beziehung nicht von Dauer sein wird. Die „erste Liebe" wird meist zu einem „mit dem hatte sie mal was". Verliebte Mädchen sind nichts Neues, doch der familiäre Umgang mit dieser Situation und Mutter-Tochter-Gespräche haben sich an den Zeitgeist angepasst.

Vor fünf bis sechs Jahrzehnten lagen anscheinend noch mehr die Tragfähigkeit der Beziehung und die gemeinsame Perspektive des Paars im Fokus des mütterlichen Ins-Gewissen-Redens und weniger die Befürchtung, mit einer schwangeren Tochter ohne Schulabschluss konfrontiert zu werden. Verbindliche Moralvorstellungen schlossen nicht die Liebesbeziehung, aber in aller Regel sexuelle Intimität ohne verlässliche Zukunftsperspektiven aus (Verlobung, Schulabschluss). Mit der Etablierung der Antibabypille und dem Wandel der Sexualmoral geht es heutzutage in vergleichbaren Mutter-Tochter-Gesprächen vor allem um Verhütung, während Gedanken zur Perspektive der Liebesbeziehung eher unpassend erscheinen, angesichts einer Tochter, deren Abitur noch in weiter Ferne liegt.

Die neue Sexualmoral wurde nach 1968 immer mehr zur Normalität und damit auch die Folgen der sexuellen Revolution – brüchige Beziehungen, Flickenteppichfamilien, alleinerziehende Mütter, Trennungen, Scheidungen, wechselnde Partnerschaften. Auch wenn beide Eltern in der Erinnerung eines Kindes schon immer zusammen waren, haben Mutter oder Vater vor ihrer Ehe vermutlich mehrere Beziehungsbrüche erlebt. Unterschwellige Unsicherheiten, Konfliktpotenziale und Kränkungen sind nahezu in jeder vermeintlich intakten Familien vorhanden und bleiben den sensiblen Antennen von Kindern nicht verborgen. Der kindlichen Frage „Wie habt ihr euch kennengelernt?" folgt gewiss die Frage „Wen habt ihr sonst noch kennengelernt?", deren Antwort den Glaube an die Reinheit der elterlichen Liebe beeinträchtigen kann, vor allem wenn ein Kind spürt, dass es mit dieser Frage in Wunden bohrt.

Unter der modernen sexuellen Beliebigkeit verbergen sich Verletzungen und Enttäuschungen, die Eltern ungewollt auf ihre Kinder übertragen. Die vor knapp fünfzig Jahren begonnene Spirale der sexuellen Befreiung dreht sich von Generation zu Generation immer schneller bis zur aktuellen Situation, in der bereits pubertierende Kinder – quasi als kleine Erwachsene – intime Beziehungen beenden und umgehend erneut körperliche Nähe suchen.

Literatur

Besser L-U (2010) Bindungssehnsucht und der Einfluss der Medien. In: Brisch KH, Hellbrügge T (Hrsg) Bindung, Angst und Aggression. Theorie, Therapie und Prävention. Klett-Cotta, Stuttgart, S 84–110

von Beverfoerde H (2012) Interview in der Jungen Freiheit (11/12, 19.03.2012) S 3. http://www.familien-schutz.de/wp-content/uploads/2012/03/S.-03-JF-11-12-Im-Gespr%C3%A4ch.pdf

Biro FM et al (2010) Pubertal assessment method and baseline characteristics in a mixed longitudinal study of girls. Pediatrics 126(3):583–590

Bundeszentrale für gesundheitliche Aufklärung (2010) Jugendsexualität https://www.tns-emnid.com/politik_und_sozialforschung/pdf/Jugendsexualitaet.pdf

Butler J (1990) Das Unbehagen der Geschlechter. Suhrkamp, Frankfurt a. M.

Dangendorf S (2012) Kleine Mädchen und High Heels. Über die visuelle Sexualisierung frühadoleszenter Mädchen. Transcript, Bielefeld

Deardorff J et al (2010) Father absence, body mass index, and pubertal timing in girls: differential effects by family income and ethnicity. J Adolesc Health 48(5):441–447

DIJG (2011) http://www.dijg.de/sexualitaet/sexuelle-vielfalt-neue-schulrichtlinien/

Freitag T (2013) Fit for Love? Praxisbuch zur Prävention von Internet-Pornografie-Konsum. Return, Hannover

Freud S (1905) Drei Abhandlungen zur Sexualtheorie. Gesammelte Werke V. Deuticke, Leipzig

Gagnon JH, Simon W (2005) Sexual conduct. The social sources of human sexuality. Aldine, Chicago

García-Gómez A (2009) Teenage girls' personal weblog writing. Inf Commun Soc 12(5):611–638

García-Gómez A (2010) Disembodiment and cyberspace: gendered discourses in female teenagers' personal information disclosure. Discourse Soc 21(2):135–160

García-Gómez A (2010a) Competing narratives, gender and threaded identity in cyberspace. J Gend Stud 19(1):27–42

García-Gómez A (2011) Regulating girlhood: evaluative language, discourses of gender socialization and relational aggression. Eur J Women's Stud 18(3):243–264

García-Gómez A (2013) Rethinking agency: pornified discourses and shifting gendered subjectivities In: Goss B M, Chávez C (Hrsg) Identity: beyond tradition and Mcworld neoliberalism. Newcastle upon Tyne, Cambridge Scholars, S 191–214, http://www.academia.edu/5479426/Rethinking_agency_Pornified_discourses_and_shifting_gendered_subjectivities

Haifa University (2011) unbekannter Autor. http://newmedia-eng.haifa.ac.il/?p=4522

Heaton TB (2002) Factors contributing to increasing marital stability in the US. J Fam Issues 23(3):392–409

Hellwig JO (2001) Die „kleine Scheidung". Der positive Einfluss von Partnerschaftstrennungen vor der ersten Ehe auf die Scheidungsneigung in der ersten Ehe. Zeitschrift für Bevoelkerungswissenschaft 26(1):67–84

Internet pornography statistics (2006) http://internet-filter-review.toptenreviews.com/internet-pornography-statistics.html

Kelle B (2013) Dann mach doch die Bluse zu. Ein Aufschrei gegen den Gleicheitswahn. Adeo, Aßlar

Kelle B (2015) GenderGaga. Wie eine absurde Ideologie unseren Alltag erobern will. Adeo, Aßlar

Klaus E, O'Connor B (2010) Aushandlungsprozesse im Alltag: Jugendliche Fans von Castingshows. In: Röser J et al (Hrsg) Alltag in den Medien – Medien im Alltag. VS Verlag für Sozialwissenschaften, Wiesbaden, S 48–72

Kuby G (2012) Die globale sexuelle Revolution. Zerstörung der Freiheit im Namen der Freiheit. Fe-Medienverlags GmbH, Kisslegg

Legkauskas V (2009) Premarital sex and marital satisfaction of middle aged men and women: a study of married Lithuanian couples. Sex Roles 60(1–2):21–32

Mazzarella SR (2010) Coming of age too soon: journalistic practice in U.S. newspaper coverage of "early puberty" in girls. Communication quarterly 58 (1):36–58

Meves C (2007) Verführt. Manipuliert. Pervertiert. Die Gesellschaft in der Falle modischer Irrlehren. Resch, Gräfelfing

Rapp I (2008) Wann werden Ehen getrennt? Der Einfluss der Ehedauer auf das Trennungsrisiko. Kölner Zeitschrift für Soziologie und Sozialpsychologie 60(3):500–527

Ringrose J (2010) Sluts, whores, fat slags and playboy bunnies: teen girls' negotiations of 'sexy' on social networking sites and at school. In: Jackson C et al (Hrsg) Girls and education. Open University Press, Maidenhead , S 170–182

Ringrose J, Renold E (2011) Schizoid subjectivities?: re-theorising teen-girls' sexual cultures in an era of 'sexualisation'. J Sociol 47(4):389–409

Siggelkow B, Büscher W (2008) Deutschlands sexuelle Tragödie. Wenn Kinder nicht mehr lernen, was Liebe ist. Gerth Medien, Aßlar

Spranger E (1966) Psychologie des Jugendalters, 28. Aufl. Quelle and Meyer, Heidelberg

Spreckels J (2014) „Alles hab ich meiner kleinen Schwester zu verdanken" – Humoristisch-subversive Medienaneignung Jugendlicher. In: Kotthoff H, Mertzlufft C (Hrsg) Jugendsprachen. Stilisierungen, Identitäten, mediale Ressourcen. Peter Lang, Frankfurt A. M, S 163–188

Spreng M, Seubert H (2014) Vergewaltigung der menschlichen Identität. Über die Irrtümer der Gender-Ideologie, 4. Aufl. Logos Edititons, Ansbach

Strauch B (2014) Warum sie so seltsam sind. Gehirnentwicklung bei Teenagern. Piper, München

Teachman J (2003) Premarital sex, premarital cohabitation, and the risk of subsequent marital dissolution among women. J Marriage Fam 65:444–455

Thomas T (2010) Wissensordnung im Alltag: Offerten eines populären Genres. In: Röser J et al (Hrsg) Alltag in den Medien – Medien im Alltag. VS Verlag für Sozialwissenschaften, Wiesbaden, S 25–47

Voigt M (2014) Aufklärung oder Anleitung zum Sex. http://www.faz.net/aktuell/politik/inland/lehrplaene-aufklaerung-oder-anleitung-zum-sex-13223950.html

Walter N (2010) Living Dolls. Warum junge Frauen heute lieber schön als schlau sein wollen. Krüger, Frankfurt a. M.

Willis SR (2011) The relationship between pre-marital sexual activity and subsequent marital dissolution. Dissertation Abstracts International Section A: Humanities Social Sciences (Bd 72(4–A), S 1461)

9

Diskussion sozialpsychologischer Theorien zur Bedeutung von Mädchenfreundschaften

Psychologische und soziale Wirkungszusammenhänge vor und während der Adoleszenz werden seit den frühen 1990er Jahren in der Geschlechterforschung diskutiert. Forschung, die sich um die Schnittstelle zwischen Soziologie und Psychologie bewegt, und besonders, wenn sie sich mit der Entwicklung einer sozialen Geschlechtsidentität (Gender) beschäftigt, befindet sich in der thematischen Nähe zu Butlers (1990) Dekonstruktivismus oder der geschlechtlichen Selbstbestimmung als ein Ziel des Gender-Mainstreaming (Spreng und Seubert 2014; Kuby 2012; Kelle 2013, 2015). Einzelne Thesen der Soziologie und Psychologie zur Persönlichkeitsbildung in der weiblichen Adoleszenz sollen kritisch diskutiert werden.

9.1 Krisis Pubertät – die Blicke der anderen

Am auffälligsten sind in den schülernahen Onlinenetzwerken die stereotypen Selbstbilder von Mädchen im Alter zwischen 12 und 16 Jahren. Eine linguistische Analyse ihrer Einträge an die beste Freundin offenbart ein sprachliches Kindchenschema (Voigt 2015). Über intuitiv angewandte Stilmittel wollen sie niedlich und mädchenhaft wirken und so auch über den Text Nähe herstellen. Noch deutlicher wird das bemühte Kindchenschema auf den Selfies. Naive Blicke aus großen Kulleraugen, Stupsnasen und trotzige Schnuten wirken von schräg oben fotografiert fast wie japanische Mangas (Voigt 2015). Hagemann-White (1992, S. 71) beschreibt die weibliche Adoleszenz als eine einschneidende Phase, in der das kindliche Ich verloren geht. Mädchen erleben „schon bei der sich anbahnenden Pubertät, daß ihre Körperveränderungen von der Umwelt bemerkt und bewertet werden".

> Das Mädchen erfährt eine befremdliche, von eigenen inneren Impulsen unabhängige Sexualisierung ihres Körpers: Was sie für andere darstellt, hat keine Beziehung zu dem, was sie selbst fühlt oder tut. [Sexualität trifft] als etwas ein, was andere an ihr entdecken (Hagemann-White 1992, S. 71).

Hier stellen sich sofort die Fragen, wer entdeckt, bewertet und sexualisiert den sich verändernden Körper eines Mädchens, also aus welchen signifikanten Personen setzt sich das soziale Umfeld – die anderen (Mead 1934, 1969) – zusammen, und zweitens, wie fühlt es sich tatsächlich dabei?

Welche bewertenden Blicke, Bemerkungen und sonstigen Reaktionen des Umfelds sind in welchem Maße dazu in der Lage, positiven wie negativen Einfluss auf die Gefühlswelt des Mädchens und sein neu zu entwickelndes Selbstbild auszuüben? Weiter schreibt Hagemann-White:

> Das selbstbewußte, eigene Kompetenzen erlebende Mädchen verliert mit dem Beginn der Adoleszenz ihr Selbst und verbringt die Jugendphase damit, dem Wunschbild ihres sozialen Umfeldes entsprechen zu wollen. Eine verunsicherte, überkritische Beziehung zum eigenen Körper verstärkt die Bereitschaft, sich der Außenbewertung zu unterwerfen (Hagemann-White 1992, S. 71).

Ein Blick auf die Bilderflut in sozialen Netzwerken bestätigt diese Beobachtung. Mädchen, die täglich neue Fotos von sich posten, gieren nach Bewertung und Bestätigung in Form von Likes und Kommentaren ihrer Freunde. Wenn zum Beispiel die Freundin das neue Selfie mit *wunderschön *-** kommentiert, antworten sie nur halb im Spaß *nein nicht wirklich;D* ♥, woraufhin die Freundin noch einmal bestätigt *Doch._.*♥ ♥. Die Bestätigung der Freunde auf Facebook erneut herauszufordern, macht regelrecht Schule:

Dani und Connie	Lisa und Jani
Connie: *du wunderhübsches mädchen duu! (:*	Jani: *Wunderschön *-**
Dani: *danke mein Wunderhübscheres (:* ♥	Lisa: *nein nicht wirklich ;D*
Connie: *ne nee ;))* ♥ ♥ ♥	Jani: *Doch ._.* ♥ ♥
Dani: *doch doch :)* ♥	Lisa: *ehm nein? :D* ♥
	Jani: *ehm doch?* ♥

Chris und Vani und Melli	Anna und Feli
Chris: *wie schafst du s immer so hübsch auszusehen*	Anna: *ddooooooch ♥ ;D*
Vani: *Oh wie süß Christian *-* Ich bin doch net Hüübsch !!*	Feli: *NEEEEIN ! ♥*
Chris: *Doch!!!!!!!!! ;* schau ma deine augen an traumhaft *_**	Anna: *doch ich finde des bild voll schön!!! ♥ :D*
Vani: *Uhh *-* Wie süüß du bist !! ♥*	Feli: *nein ich seh iwie scheiße aus ^^*
Dankee ..aber es gibt Hübscheree :DDD	Anna: *nöö gar nicht ;O ♥*
Chris: *na und interessiert doch keinen :DD*	Feli: *doch :O ♥*
Melli: *doch du schönste ♥*	Anna: *neein ! ♥*
Vani: *Ohhh süß Fürst du Selbstgespräche!*	Feli: *hahahahahahaha doch ♥*
Melli: *Nein ich rede mit der schönsten ♥*	Anna: *neeein liebe feli ♥*
Vani: *Überteib hübsche! :****	Feli: *doch doch doch sieh's ein ;D ♥*
	Anna: *neeein ich werde nicht aufgeben du siehst da voll hübsch aus so wie immer halt ♥(:*

Kleine fingierte Streitereien, in denen sich Freundinnen gegenseitig als *hübscher* und *schöner* bezeichnen, arten teilweise in einen kindlich-spielerischen Nein-doch-Wechsel aus. Endlos lange Kommentarlisten zeugen davon, dass das Bedürfnis, einem Wunschbild zu entsprechen und bestätigt zu werden, zum Spielball der Kommunikation wird. Doch welche Blicke haben wirklich Einfluss auf die Mädchen?

Die Mimik der Eltern und ihr Verhalten angesichts ihrer heranwachsenden Tochter wirkt sicherlich anders auf das Selbstwertgefühl eines Mädchens als das normative Schönheitsideal innerhalb der Schulklasse oder die kritischen Kommentare der Juroren bei einer Model-Castingshow im Fernsehen. Wer allerdings die signifikanten anderen sind, die einen prägenden Einfluss auf das Selbstbild eines Mädchens ausüben können, ist eine Frage der Bindungsintensität. Für einige Mädchen scheint die Beziehung zur Freundin, zur Clique und zu Gleichaltrigen äußerst zeitintensiv und daher die Bindung an die Freundin und ins schulische Umfeld signifikant zu sein. Die Bezugspersonen, deren Bewertung sich das Mädchen bereitwillig unterwirft, werden zu einem hohen Anteil von einem engen Kreis an Freunden gestellt. Zusätzlich wird dieses Normen aufzeigende Umfeld durch das medial vermittelte Schönheitsideal immer wieder bestätigt.

Von allen Seiten wird eine Schülerin damit konfrontiert, welche Körper und welche Mienenspiele, Gesten, Posen und Bekleidungsstile hübsch, süß, sexy und wunderschön sind. Dieses normativ-repressive Wunschbild gibt individuellen Körperbildern einen Rahmen sexueller Attraktivität vor. Mädchen in der Pubertät brauchen einen Rückhalt in der Familie, ein liebevolles Angenommensein, um das bewertende Vergleichen unter Gleichaltrigen einigermaßen entspannt und selbstbewusst zu betrachten. Vermutlich spielt die Bestätigung eines feinfühligen Vaters eine nicht unerhebliche Rolle (vgl. Deardorff et al. 2010). Mädchen, die in schwierigen Familienverhältnissen aufwachsen oder die durch die zunehmende staatliche Kollektivierung von klein auf aus dem familiären Rückhalt gelöst sind, neigen dazu, dem inhärenten Schönheitsideal unter Teenagern immer ähnlicher werden zu wollen.

Möller (2005) sieht einen „gesellschaftlich vorgezeichneten weiblichen adoleszenten Entwicklungsprozess", wonach Mädchen „nach wie vor auf die Norm des heterosexuellen Aufeinanderbezogenseins verwiesen" werden. Dies zwingt die Mädchen, die auch „sexuell gemocht und beliebt" sein wollen, ihrer Meinung nach dazu, sich den „geschlechtsspezifischen Qualitätsnormen für sexuelle Attraktivität, die sich sowohl in der Familie als auch unter Gleichaltrigen immer wieder neu konstituieren", anzupassen. Bereits Kindergartenkinder beginnen, sich „erwünschte Verhaltensweisen" anzueignen, die ein „für die Paarbildung notwendiges Maß an sexueller Akzeptanz" gewährleisten, aber den „Wunsch nach individueller Bedürfnisbefriedigung" und „Selbstinszenierung" gravierend einschränken. Die Angst, „an sexueller Attraktivität zu verlieren", macht sie nach Möller (2005) „in ihren Wünschen und inneren Körperbildern" abhängig von der „Beurteilung des männlichen Blicks". Die modernisierten, aber noch immer normativ-repressiven Erwartungen des Umfelds sowie „Abwertung und Fremdbestimmung wirken so in eine Zeit hinein, in der sich Mädchen selbst erfahren möchten", weshalb in dieser Phase ihr Selbstwertgefühl und Selbstbewusstsein akut gefährdet ist (vgl. Möller 2005, 177 f.).

Möller (2005) konnotiert heterosexuelle Geschlechtsnormen für adoleszente Mädchen und entsprechende „erwünschte Verhaltensweisen" negativ und bringt sie gegen individuelle Bedürfnisse der Mädchen in Stellung. Für Möller (2005) sind Wünsche, Körperbilder und Selbstinszenierungen der Mädchen unter erheblichem Druck sozial konstruiert und haben, so schreibt sie, nichts mit den individuellen, ureigenen und sich täglich verändernden Wünschen eines Mädchens zu tun, das seine sexuelle Identität erst noch entwickelt. Sie beachtet nicht, dass heterosexuelle Wünsche wie Anerkennung durch das andere Geschlecht, auch implizite Kinderwünsche und die daraus resultierenden geschlechtsspezifischen Verhaltensweisen großenteils genetisch und hormonell bedingt sind und lediglich deren Umsetzung kulturellen Unterschieden folgt und sozial konstruiert ist.

Möllers (2005) dichotome Aufteilung – auf der einen Seite das pubertierende Mädchen, in seiner sensiblen Umbruchs- und Entwicklungsphase und auf der anderen Seite die Normen der Gesellschaft und der sexualisierende männliche Blick – greift zu kurz. Zum einen fehlt die biologische Komponente, die die Geschlechter überhaupt erst in Interaktion treten lässt und natürliche Bedürfnisse und Verhaltensweisen generiert. Zum anderen darf der Einfluss auf ein Mädchen nicht auf die abstrakte Größe eines in der Gesellschaft immanenten männlichen Blicks reduziert werden, eben weil in dieser sensiblen Phase die weibliche Psyche und Identitätsentwicklung vielen verschiedenen männlichen Beeinflussungsmomenten unterschiedlichster Intensität ausgesetzt sind.

Folgende Kommentare zu einem neuen Profilbild verdeutlichen, welchen direkten Bewertungen ein 14-jähriges Mädchen von ihren männlichen Klassenkameraden ausgesetzt ist:

Jennis neues Selfie

Stefan: *wunderschön:D*

Denis: *schöner als wunderschön;P*

Stefan: *wenn schönheit steigerbar wär würde die letzte steigerung jenni sein:p*

Denis: *aber das kann man nicht steigerung nennen weil sie richtig bezaubernd ist und wunderschön und sie ist die schönste auf der welt!!!;D*

Stefan: *okay noch kitschiger?;D*

Denis: *nein aber die mädchen wollen das so ^^ HIER HABEN MÄDCHEN DAS RECHT*

Denis und Stefan schwärmen ausführlich für Jenni und sie versuchen, sich gegenseitig mit ihren Kommentaren zu übertrumpfen. Stefan wird es zu viel mit der Lobhudelei und er fragt an Denis gerichtet: *okay noch kitschiger? ;D*. Denis antwortet: *nein aber die Mädchen wollen das so ^^*. Für Jenni ist es sicher aufregend, von den Jungen aus ihrem Jahrgang umschwärmt zu sein und der Diskussion zu ihrem Profilbild zu folgen, ohne sich dazu herabzulassen, selbst auf die Kommentare einzugehen. Sie bedankt sich in erster Linie für die Bewunderung ihrer Freundinnen, während sie die Balz der Jungen oft kokett ignoriert. Die Erfahrung zeigt, welche Profilbilder von Jungen besonders kommentiert werden, und entsprechend optimiert Jenni ihre Inszenierungen. Ihre Freundinnen, die genauso von Jungen umschwärmt sein wollen, versuchen mitzuhalten. Sie vergleichen sich kritisch mit Jenni und anderen Mädchen, deren Profilbilder viele Likes und Kommentare haben, und sie bemerken, dass solche als sexuell attraktiv geltenden Mädchen auch ins medial vermittelte Schönheitsideal passen. Mädchen untereinander sind in ihren Selbstbewertungen oft noch rigoroser und verschärfen das normativ-repressive Wunschbild sexueller Attraktivität. Je abhängiger ein Mädchen sein Selbstbild von der Bewertung durch Freunde macht, umso mehr wird sie versuchen, sich dem Ideal durch ihr geeignet erscheinende Maßnahmen anzunähern. Ein Mädchen, das nach männlichen Maßstäben attraktiv ist, steigt im Ansehen und ist als beste Freundin begehrt (Flaake 1990).

Zwänge und Konflikte entstehen nicht durch eine gesellschaftlich gewünschte Heterosexualität mit beginnender Paarbildung, wie Möller (2005) ausführt. Ein gesundes Mädchen wünscht sich im Laufe ihrer Adoleszenz genau das. Als normativ-repressiv werden Schönheitsideale empfunden, die nicht erreicht werden können oder denen nicht entsprochen werden möchte. Nicht alle Mädchen können oder wollen zierlich sein, ein niedliches Puppengesicht mit langen glatten Haaren haben und später Spielerfrau werden. Schuld an Identitätskonflikten ist nicht der von den Freundinnen adaptierte männliche Blick, der den Mädchenkörper sexualisiert. Problematisch ist, dass das Ideal der Gleichaltrigen mit der medialen Botschaft übereinstimmt und beide zusammen so unverhältnismäßig ins Gewicht fallen und die individuelle Geschmacksbildung massiv einschränken. Fehlt eine gewisse emotionale Erdung in der Familie als Gegenpol zur sexualisierten Jugendkultur, dreht sich in den Mädchenherzen alles um die Perfektionierung des Schulmädchen-Model-Typus.

9.2 Bedeutung der Mädchenfreundschaft – Übergangsraum oder Ersatzfamilie

Bisher wurden verschiedene Desorientierungen (langer Schulalltag, primäre Gleichaltrigenorientierung, unsichere Familienverhältnisse, Sexualisierung) als Ursachen für die Ausprägung des Schulmädchensyndroms thematisiert. Grundlegend war die These von Neufeld und Maté (2006), dass eine Koexistenz verschiedener Primärbindungen für das menschliche Gehirn nicht zu realisieren ist. Nun ist noch expliziter, als dies zu beobachten und in Gesprächen mit Mädchen zu erörtern war, die erwachende sexuelle Eigenständigkeit und Unabhängigkeit von der Mutter als eine natürliche Form der schrittweisen Ablösung hinzuzufügen und mit der These von Neufeld und Maté abzugleichen.

In der psychoanalytischen Forschung wird die Bedeutung von Mädchenfreundschaften während der verschiedenen Adoleszenzphasen untersucht. Flaake und King (1992, S. 203) beschreiben in der Beziehung zwischen Mutter und Tochter eine Phase, in der sich die Tochter „in ihrer sexuellen Entfaltung" zwar weiterhin an der Mutter „als weibliche Bezugsperson" orientieren möchte, aber zugleich „auch eine innere Trennung" einsetzt. Sie schreiben von einem „Schritt hinaus aus den familialen Bindungen in größere soziale Zusammenhänge und ein eigenes Leben als erwachsene sexuelle Person. Dazu gehört auch, den eigenen Körper, die eigene Sexualität von der Mutter unabhängig zu machen" (Flaake und King 1992, S. 203).

In dieser Spannung zwischen dem Wunsch nach Anerkennung der eigenen Sexualität durch die Mutter und nach Ablösung von ihr können Mädchenfreundschaften eine wichtige Funktion haben. Sie können einen „Übergangsraum" schaffen, der nicht auf familiale Zusammenhänge beschränkt ist, sondern den Weg in die „Welt" schon einschließt, ein „Übergangsraum", in dem Mädchen ihre eigene Innenwelt ohne Angst vor vereinnahmenden Zugriffen erforschen können, in dem das Begehren sich frei entfalten und als authentisches Eigenes erlebt werden kann (Flaake und King 1992, S. 203 f.).

Flaake und King (1992) weisen darauf hin, dass die in den ersten Lebensmonaten und den folgenden Kleinkindjahren entwickelte Mutter-Kind-Bindung (vgl. Meves 2008) mit der sexuellen Reifung in der Pubertät nicht abrupt endet, sondern vielmehr auf der sicheren Basis des Geliebtwerdens Versuche unternommen werden, die neue „sexuelle Person" auf Augenhöhe mit der Mutter begegnen zu lassen und von ihr für solche individuellen Impulse in Geschmacksbildung und Verhalten auch Zustimmung und „erwachsene" Anerkennung signalisiert zu bekommen.

Die Möglichkeit in allen Befindlichkeiten jederzeit noch auf das kindliche Ich zurückfallen zu dürfen, ohne vor der Mutter das Gesicht zu verlieren, ist für einen gesunde, schrittweise Abnabelung genauso notwendig, wie der Umgang innerhalb einer Gruppe gleichaltriger Mädchen. So wird der familiäre Rückhalt um die bestärkende Erfahrung ergänzt, mit einer Clique von Freundinnen in der gleichen Lebensphase einen ähnlichen Erlebnishorizont zu teilen. Gleichzeitig beginnt damit der eigenständige Weg in die

Welt, in der authentisches Eigenes erlebt werden kann und in der es aber auch das Gesicht zu wahren gilt.

Nicht beantwortet wird die Frage, welche Veränderungen im Bindungsverhalten in welcher Phase der Reifeentwicklung als „normal" anzusehen sind. In welchem Alter hört für ein Mädchen die Kindheit auf? Es gilt als „normal", dass Teenager den ganzen Tag in altershomogenen Gruppen kollektiviert werden, intime Beziehungen eingehen oder ein schulisches Austauschjahr absolvieren. Inwieweit solch eine „Normalität" in die verschiedenen Adoleszenzphasen passt oder eine frühe (Schein-)Selbstständigkeit oder gar Notreife zur Folge hat, wird nicht hinterfragt.

Etwas differenzierter muss auch die Beziehungsintensität zur besten Freundin im Übergangsraum „Mädchenfreundschaft" betrachtet werden. Es ist ein Unterschied, ob eine 13-Jährige zu Hause einen familiären Rückzugsraum hat oder ob sie auf sich gestellt den ganzen Tag mit Freunden verbringt. Die Beziehung zur Freundin wird trotz inniger Gefühle und der Möglichkeit, authentisch Eigenes zu erleben, ein Stück weit gelassener und sogar authentischer und freier sein, wenn Konflikte und verletzte Gefühle bei Bedarf von jemandem abgefangen werden, zu dem ein kompromissloses Bindungsverhältnis besteht. Eltern können „Kindern das geben, was sie einander nicht geben können: die Freiheit, sie selbst zu sein, im Kontext liebevoller Akzeptanz" (Neufeld und Maté 2006, S. 138).

Familiäre Sicherheit und Geborgenheit unterstützen das Erlernen selbstständigen sozialen Handelns bis in die Adoleszenz, indem der Mädchenfreundschaft diese Verantwortung genommen wird und sie somit auch ein tatsächlicher Übergangsraum für die Sozialisation in ein eigenständiges und selbstbewusstes Erwachsenenleben bleiben darf. Von

einem „Paradox" in der „Geschichte der Reifeentwicklung"
ist bei Neufeld und Maté (2006, S. 127) die Rede: „Unabhängigkeit und echte Trennung werden durch Abhängigkeit und Bindung gefördert."

Ihrer These zur Primärbindung steht, wie Neufeld und
Maté (2006) selbst schreiben, die Meinung zahlreicher Pädagogen gegenüber, die eine frühe Lösung vom elterlichen
Einfluss als Notwendigkeit moderner Gesellschaftsformen
erachten oder darin kein besonderes Phänomen erkennen.
Diskussionen über „frühreife" Mädchen, Scheinselbstständigkeit und Sexualisierung werden daher gerne als „media
and moral panic" abgetan. Die wohl zentrale Frage lautet,
in welchem Alter welches Sozialverhalten in die Biografie
passt. Hagemann-White (1992) schreibt in Bezug auf die
geschlechtliche Identität von einem „eigenständigen Weg
zur Liebe, Sexualität und zur Arbeit":

> [Kinder müssen] die innere Bindung und die alte Liebe zu
> den Eltern überwinden, da die Eltern ihnen in modernen
> Gesellschaften weder einen Platz in der Welt vermitteln,
> noch ihren Partner für erwachsene sexuelle Bedürfnisse
> darstellen können und dürfen. Der biologische Wandel der
> Pubertät ruft daher sowohl innerpsychische Konflikte als
> auch Konflikte mit den Eltern und der älteren Generation
> überhaupt hervor (Hagemann-White 1992, S. 65).

Folgende Zeitverläufe datiert Hagemann-White (1992,
S. 66): „Das durchschnittliche Alter für die erste Menst-
ruation bei Mädchen ist in den USA inzwischen auf 12,3
Jahre gesunken", wobei „die Menstruation keineswegs den
Beginn der Pubertät, sondern eher den Abschluß" markiert.
Für Hagemann-White (1992, S. 67) „bietet sich das Bild

an, daß die Mädchen zuerst die Pubertät durchlaufen, dann in eine Phase der Berufs- und Partnerfindung eintreten, um dann mit 18 bis 19 Jahren die Trennung von den Eltern zu vollziehen".

Wenn die Phase der Partnerfindung mit circa 14 bis 15 Jahren einsetzt und es zu einer sexuellen Beziehung kommt, ist fraglich, ob die innere Trennung von den Eltern erst mit 18 bis 19 Jahren erfolgt. Die Bindung verschiebt sich zum Geschlechtspartner, und das eigene sexuelle Erleben lässt das Mädchen auf Augenhöhe mit seinen Eltern begegnen. Kindheit und elterliche Prägung sind abgeschlossen und die innere Trennung ist vollzogen. Wenn die Liebesbeziehung nicht hält, ist das Zurückfallen in die kindliche Bindung zur Mutter kaum möglich. Stattdessen wird für die entstandene Lücke nach einer erneuten Beziehung gesucht, und auch Mädchenfreundschaften werden reaktiviert.

Stellt im Alltag die Beziehung zur Freundin die wichtigste Stütze oder gar die alleinige Anlaufstelle dar, kann aus der normalen Interdependenz tiefer Freundschaft über die Zeit ein Abhängigkeitsverhältnis entstehen, das die Mädchen überfordert und verletzbar macht. Sich alle Geheimnisse, Probleme und Ängste, also die innersten Gefühlszustände gegenseitig anzuvertrauen, entspringt dem Bedürfnis, im sozialen Umfeld eine enge Bezugsperson durch offen entgegengebrachte Intimität dauerhaft an sich zu binden. Enttäuschungen, Rückzüge, Individuation und im Grunde alles, was die Mädchenfreundschaft und ihre Reziprozität gefährden könnte, muss um jeden Preis vermieden werden, weil die „bedingungslose Akzeptanz" der Eltern fehlt (Neufeld und Maté 2006, S. 114). Neufeld und Maté beschreiben Symptome, die in abgeschwächter Form auch auf die Schulmädchen zutreffen:

Verletzlichkeit aus Verlustangst ist ein inhärenter Bestandteil einer jeden Gleichaltrigenbeziehung. Es gibt in diesen
Beziehungen keine Reife, auf die man sich stützen kann,
kein Engagement, auf das man sich verlassen kann, kein
Gefühl der Verantwortung für einen anderen Menschen.
Dem Kind bleibt nur die harte Realität der unsicheren Bindung: Was, wenn ich mich mit den anderen Kindern nicht
verstehe? Was, wenn ich es nicht schaffe, dass die Beziehung gut läuft? (Neufeld und Maté 2006, S. 115).

Die Hab-dich-lieb-Kultur in den Klassenzimmern federt
harte Realitäten etwas ab, doch zwischen den Zeilen in
den langen Einträgen der Schulmädchen wird der Druck
ersichtlich, angepasst und einigermaßen beliebt zu sein und
die beste Freundin an seiner Seite zu wissen. Er prägt die
Persönlichkeitsbildung.

Unter der Oberfläche harmonischer Klassengemeinschaften und perfektionierter Auftrittskünste fallen unsichere Verhältnisse, Stress und Verletzlichkeit kaum auf.
Neufeld und Maté (2006, S. 115) untersuchen Kinder aus
kanadischen Ganztagsschulen: „Sie denken ständig darüber
nach, wer wen mag, wer wen lieber mag und wer mit wem
zusammen sein will."

Es gibt keinen Raum für Fehltritte, für illoyal empfunde-
nes Verhalten, Uneinigkeit, Unterschiede oder Nichtanpas-
sung. Die Entwicklung wahrer Individualität wird durch
das Bedürfnis, die Beziehung um jeden Preis zu erhalten,
erstickt. Wenn Gleichaltrige die Eltern ersetzen, kann sich
das Gefühl der Unsicherheit ins Unerträgliche steigern,
auch wenn sich das Kind noch so sehr bemüht (Neufeld
und Maté 2006, S. 115).

Diese Einschätzung bezieht sich zwar auf Kinder, die seit frühester Kindheit mit kollektiver Fremdbetreuung oder wechselnden Au-pairs konfrontiert waren. Doch die aus den Gästebucheinträgen der Schulmädchen sprechende Verletzlichkeit und Verlustangst und die visuellen und sprachlichen Strategien, sich als schutz- und liebesbedürftiges Mädchen zu inszenieren, passen ins Muster der Gleichaltrigenorientierung. Nach einer Woche ohne Kontakt zur besten Freundin glaubt die 15-jährige *Liisa xD*, ihre Freundschaft sei schon ins Wanken geraten:

> ein & alles.. :/
> ich vermiss dich iwie voll.. wir sehen uns gar nicht mehr so oft..
> durch die scheiß woche wo ich nicht raus konnte.. hat sich iwie was geändert kommt mir so vor..
> naja auf alle fälle Liebe ich dich über alles.. sehen wir uns huete? schon odeR?
> ich bin so froh das ich dich hab.. und ich will dich NIE verlieren.. hörst du NIE!!!
> ich Liebe dcih..<3

Befragungen der Mädchen bestätigen, dass es sich um beste Freundinnen handelt, die ihre Freundschaft als die intensivste Beziehung einschätzen, die sie zu diesem Zeitpunkt jemals hatten. Dennoch reicht offenbar eine Woche verminderte Intensität, um Zweifel und Unsicherheit zu schüren.

Soziale Erscheinungsformen einer Gleichaltrigenkultur, wie sie Neufeld und Maté (2006) beschreiben, werden erstmals in den Onlinenetzwerken wirklich ersichtlich, vor allem in den verblüffend schematischen Versatzstücken der Schulmädcheninszenierung. Neufelds und Matés (2006,

S. 93) Begriff „Stammessprache" für lang andauernde, aber inhaltlich leere Äußerungen in MSN-Messenger-Gesprächen, die er als „Kontakt ohne echte Kommunikation" bezeichnet, erinnert an manche Chatverläufe der Mädchen.

Trotz einiger Übereinstimmungen zu Neufelds Analyse darf die neuartige Eigendynamik grassierender Trends in den sozialen Medien, die eine komplette Generation erreichen, nicht außer Acht gelassen werden. Das Konzept der hochemotionalen Freundschaftsbeziehung übt einen unwiderstehlichen Reiz auf Mädchen aus. Zwei Sechstklässlerinnen, die dabei sind, die Netzwelt für sich zu entdecken, werden ihre Freundschaft binnen Kurzem mit den gleichen Phrasen als *wundervoll, unbeschreiblich einzigartig, voller Glück und Liebe* und als wichtigstes Ereignis in ihrem Leben bezeichnen wie viele andere Mädchen um sie herum. Das Lebensgefühl der Schulmädchen entzieht sich einer Einordnung in bekannte kultursoziologische Kontexte von Mädchenfreundschaften. Allein die Adaption von Mustern macht ihre Lebenswelt noch nicht mit der von Kindern in amerikanischen oder kanadischen Ganztagsschulen identisch. Eine gewisse Tendenz zu den von Neufeld beschriebenen Abhängigkeitsverhältnissen ist jedoch nicht von der Hand zu weisen.

Literatur

Butler J (1990) Das Unbehagen der Geschlechter. Suhrkamp, Frankfurt a. M.

Deardorff J et al (2010) Father absence, body mass index, and pubertal timing in girls: differential effects by family income and ethnicity. J Adolescent Health 48(5):441–447

Flaake K (1990) Erst der männliche Blick macht attraktiv. Psychologie heute 12:48–53

Flaake K, King V (1992) Weibliche Adoleszenz. Zur Sozialisation junger Frauen. Campus Verlag, Gießen

Hagemann-White C (1992) Berufsfindung und Lebensperspektive in der weiblichen Adoleszenz. In: Flaake K, Vera K (Hrsg) Weibliche Adoleszenz, Zur Sozialisation junger Frauen. Campus Verlag, Gießen, S 64–84

Kelle B (2013) Dann mach doch die Bluse zu. Ein Aufschrei gegen den Gleicheitswahn. Adeo, Aßlar

Kelle B (2015) Gender Gaga. Wie eine absurde Ideologie unseren Alltag erobern will. Adeo, Aßlar

Kuby G (2012) Die globale sexuelle Revolution. Zerstörung der Freiheit im Namen der Freiheit. Fe-Medienverlags GmbH, Kisslegg

Mead GH (1934) Mind, self and society. From the standpoint of a social behaviorist. University of Chicago, Chicago

Mead GH (1969) Die Genesis des sozialen Selbst und die soziale Kontrolle. In: Philosophie der Sozialität, Suhrkamp, Frankfurt a. M.

Meves C (2008) Geheimnis Gehirn. Resch, Gräfelfing

Möller B (2005) Körperlichkeit, Selbstwert und Sexualität in der weiblichen Adoleszenz. In: Funk H, Karl L (Hrsg) Sexualitäten. Diskurse und Handlungsmuster. Juventa, Weinheim, S 175–194

Neufeld G, Maté G (2006) Unsere Kinder brauchen uns! Die entscheidende Bedeutung der Kind-Eltern-Bindung. Genius, Bremen

Spreng M, Seubert H (2014) Vergewaltigung der menschlichen Identität. Über die Irrtümer der Gender-Ideologie, 4. Aufl. Logos Edititons, Ansbach

Voigt M (2015) Mädchenfreundschaften unter dem Einfluss von Social Media. Eine soziolinguistische Untersuchung. Peter Lang, Frankfurt a. M.

10

Anzeichen für die Kultivierung von Bindungsstörungen

Zu demjenigen, bei dem wirkliche Probleme gut aufgehoben sind, besteht eine enge Bindung. Kinder wenden sich bei Sorgen in der Regel an ihre Eltern, während Teenager damit beginnen, zwischen den Problemen zu differenzieren, über die sie eher mit ihren Eltern oder mit Freunden reden. Für schwerwiegende Sorgen sind jedoch nach wie vor die Eltern die erste Anlaufstelle. In der dramatisierenden Sprache der Schulmädchen gehört „Wir können immer über alles reden" zu den beliebtesten Beziehungsphrasen. In Abschn. 10.1 wird untersucht, ob sich daraus Rückschlüsse auf das Bindungsniveau zwischen besten Freundinnen ableiten lassen.

Eines der Symptome von Bindungsstörungen – das sogenannte Ritzen – hat unter den Schulmädchen als Ausdruck für Kummer, Enttäuschung und Angst eine kulturelle Aufwertung erfahren. In Abschn. 10.2. werden die Hintergründe erläutert.

In Abschn. 10.3. wird die überbordende Emotionalität in Mädchenfreundschaft von der tiefenpsychologischen Warte aus als abgeschwächte Spielart einer histrionischen Persönlichkeitsstörung zusammenfassend betrachtet.

10.1 Mädchengespräche – Bedeutung der Phrase „über alles reden"

Zu einer Mädchenfreundschaft gehören Mädchengespräche über Mädchenangelegenheiten. Beste Freundinnen tauschen Geheimnisse aus und sie reden über ihre Sorgen und Probleme und über alles, was sie in ihrem Leben bewegt, um Nähe und Vertrauen herzustellen und um Zuspruch und Halt zu finden. Im Gästebucheintrag werden dann Andeutungen platziert, die nur die Freundin versteht, oder die sehr allgemein sind. Eine der verbreiteten Phrasen lautet: „Wir können immer über alles reden."

> Dann noch, dass ich mit DiR und wirklich nur mit dir über ALLES reden kann […] Wir reden immer über alles miteinander; und fürimmer. <3 […] ich kann mit dir auch über wirklich alles reden und wir passen so perfekt zusammen. Wir sind schon lange EINS! <3

Da dieses „alles" ziemlich indefinit ist, stellt sich die Frage, ob beste Freundinnen, die „immer über alles reden" können, tatsächlich mehr übereinander wissen als ihre Eltern und Hausärzte zusammen oder ob es für unterschiedliche Themen, Sorgen und Probleme auch unterschiedliche Ansprechpartner gibt. Ist wegen dringender Probleme und Ängste ständig Redebedarf vorhanden, oder wird vor allem gerne darüber geschrieben, während die Interpretation des indefiniten „alles" dem schulischen Umfeld überlassen bleibt?

Seit die Jugendforschung aus den Sozialwissenschaften hervorgegangen ist, beschäftigt sie sich mit der Frage, mit wem Jugendliche über unterschiedlichen Themen und ihre Probleme reden. Ihre Ergebnisse müssen jedoch nicht auf die Schulmädchen zutreffen, da diese nur eine Gruppe unter *den* Jugendlichen sind, die in vielen Untersuchungen recht undifferenziert betrachtet werden.

Reinders (2004, S. 5 f.) schreibt, dass „Jugendliche ihren Eltern und Freunden bestimmte Kompetenzbereiche zuteilen". Für das Projekt „Typologische Entwicklungswege Jugendlicher" wurden 1700 Jugendliche der 8. Klasse befragt. Eine der Fragen lautet: „An wen wendest Du Dich bei folgenden Dingen?" Die Jugendlichen konnten in einem Antwortspektrum von „1 – nie" bis „4 – sehr häufig" angeben, ob sie in den vier Bereichen Freizeitgestaltung, Familienprobleme, persönliche Probleme und Berufsintegration eher ihre Freunde oder ihre Eltern um Rat bitten würden (Reinders 2004). Zu erwartende klare Unterscheidungen ergeben sich im Bereich Freizeitgestaltung und Berufsintegration. In der Freizeitgestaltung vertrauen die Jugendlichen mehr auf die Meinung ihrer Freunde und fragen vergleichsweise selten ihre Eltern. Bei Fragen zur Berufswahl werden die Eltern als kompetenter erachtet. Doch in den beiden zentralen Problembereichen, die zeigen würden, wen die Jugendlichen bei wirklichen Problemen und Sorgen ins Vertrauen ziehen, fällt die Wahl gleichermaßen auf Freunde und Eltern. Der Mittelwert aus 1700 beantworteten Fragebögen liegt im Bereich der persönlichen Probleme bei 3,0 für die Eltern und geringfügig mehr bei 3,3 für die Freunde als Anlaufstelle. Bei den Familienproblemen liegen beide Werte noch näher beieinander.

Jugendliche reden also gleichermaßen mit ihren Eltern und Freunden über persönliche Probleme. Interessant wäre aber eine Spezifizierung der unterschiedlichen Sorgen und Problemfelder, mit denen Jugendliche konfrontiert werden, und dann erneut die Frage, ob eher Eltern oder Freunde ins Vertrauen gezogen werden, denn dann ließen sich auch Aussagen über die Bindungsqualität treffen. Ein genaueres Bild liefert die Forschungsliteratur kaum, denn Antwortkategorien auf Fragebögen wie „persönliche Probleme" sind ähnlich unbestimmt wie „über alles reden". In Bezug auf eine Zusammenfassung verschiedener Studien zu diesem Thema (vgl. Noack 2002) schreibt Reinders (2004):

> Auch andere Studien zeigen, dass Freunde eher für die Gestaltung des Alltags und auftretende Alltagsprobleme eine wichtige Ressource sind und Eltern vor allem bei Fragen der eigenen Zukunft konsultiert werden (Reinders 2004, S. 6).

Um das festzustellen, wurden tausende Jugendliche befragt. Die Frage, mit welchen Bezugspersonen reden die Schulmädchen über welche Probleme, und vor allem die zweite Frage, welcher Inhalt verbirgt sich hinter der Über-alles-reden-Phrase, müssen also auf der Grundlage eigener Beobachtungen beantwortet werden. Soweit ich das an wenigen spontanen Befragungen festmachen kann, füllen Freundinnen die beliebte Für-einander-da sein- oder die Über-alles-reden-Phrase mit der Bedeutung, die auf ihre jeweilige Situation zutrifft. Drei plakative Typen von Bindungen in Mädchenfreundschaften in Bezug auf die Phrasen „Ich bin immer für dich da", „Wir können immer über alles reden" werde ich vorstellen.

Typ 1: Freundin als primäre Vertrauensperson Mädchen, die sich in schwierigen oder gar desolaten Familienverhältnissen befinden und dementsprechend stark auf eine gleich alte Freundin fixiert sind, beziehen sich mit den Aussagen „Ich kann immer zu dir kommen", „Mit dir kann ich über alles reden" zum Beispiel darauf, dass die alleinerziehende Mutter wieder Drogen konsumiert, die Eltern permanent streiten oder ein Elternteil schwer erkrankt ist. In solchen Fällen wird die beste Freundin ins Vertrauen gezogen. Sie erhält teure Geschenke und soll am besten immer Zeit haben. Sie wird zur Ansprechpartnerin für jedes Problem, dass sich im Alltag der jeweiligen Situation ergibt.

Typ 2: Symbiotische Bindung Mädchen, die sehr viel Zeit miteinander verbringen, beschäftigen sich meiner Beobachtung zufolge gerne mit Problemen, die sich aus ihrer Beziehung ergeben. Die Typ-2-Mädchen führen im Haushalt ihrer berufstätigen Eltern oft ein sehr auf sich gestelltes Leben oder sie besuchen eine Schule mit Nachmittagsunterricht oder Ganztagsbetreuung. Sie belegen jedes Wahlfach und Sportangebot grundsätzlich zu zweit. Sie besuchen sich täglich oder treffen sich draußen und zusätzlich chatten und telefonieren sie stundenlang. Intensives Zusammenleben, aber auch Eifersucht und Angst vor Konflikten und Beziehungspausen moderieren die Freundschaft. Streitereien und vor allem die Versöhnungen, die in den langen Einträgen oft mit „zusammen durchmachen", „alles schaffen" paraphrasiert werden, sorgen für regelmäßige Aussprachen:

* aba is doch Jetz eig wieder alles Gut. & noch was ham wir Jetz gestritten oder nich.. omg als du zu mona gesagt hast ich bin Ja nich mehr wegen dir sauer. sonder wegen Janii

* ohnee dich ?! Nää. Niee meehr (= endlich is alles wieeder quut zwischeen uunsz <3

Typ 3: Selbstständige Freundinnen Mädchen, auf die die beiden ersten Lebenssituationen nicht oder nicht so extrem zutreffen, stellen die dritte und vermutlich auch die größte Gruppe. Sie fühlen sich in ihren Familien verwurzelt, für sie ist die Mädchenfreundschaft ein Schonraum für den schrittweisen Abnabelungsprozess zu eigenständigen Erwachsenen und sie bestimmen ihre Freizeitgestaltung und die Wahl ihrer Hobbys auch einmal unabhängig davon, was die beste Freundin gerade möchte. Sie füllen die Phrasen „Ich bin immer für dich da" und „Wir können immer über alles reden" hauptsächlich mit schulischen Problemen und Ärger mit Gleichaltrigen. Ein weiterer großer Bereich mit Gesprächsbedarf zwischen den Typ-3-Freundinnen sind sogenannte Mädchenangelegenheiten/-gespräche. Dies ist wiederum ein eher indefiniter Begriff. Er umfasst kurz gesagt das Interesse für Jungen und Kontaktanbahnung, Medien und Stars sowie Mode- und Beautyfragen.

Die meisten Mädchen greifen unabhängig von ihrer jeweiligen Lebenssituation auf identische Phrasen in ihren Einträgen zurück, um dem kollektiven Ideal einer *einzigartigen* und *wunderschönen* Mädchenfreundschaft gerecht zu werden. Wendungen wie „für einander da sein" und „über alles reden" stehen dann je nach individueller Situation zum

Beispiel für das letzte Telefongespräch mitten in der Nacht oder die lange tröstende Umarmung. Insgesamt zeigt sich jedoch, dass gerade die Muster einer intensivierten Bindung in Mädchenfreundschaften, wie für die Typ-1- und Typ-2-Freundinnen beschrieben, zur kulturellen Norm erhoben wurden. Sie liefern die emotionalisierte Vorlage, obwohl vermutlich ein großer Teil der Schulmädchengeneration zu den Typ-3-Freundinnen zählt.

10.2 Borderlinesymptomatik im jugendkulturellen Kontext

Eine zentrale jugendkulturelle Stilkoordinate in den Mädchenwelten ist das Emo-Genre (Voigt 2015). Traurigkeit, Vergänglichkeit, Verlustangst, Einsamkeit und Empfindsamkeit bilden ein Spektrum an Emotionen, das vor allem in den visuellen Selbstdarstellungen über eine bestimmte Symbolik auf Gästebuchbildern zum Verlinken ausgedrückt wird. Zu den häufigen Bildmotiven des Emo-Genres zählen Tränen in Großaufnahme, traurige Mädchengesichter, beste Freundinnen Hand in Hand auf Eisenbahngeleisen oder auch aufgeschnittene Unterarme mit einer Blutlache in Herzform. Mit effekthaschender Ästhetik wird eine suizidale Symbolik auf den Bildern umgesetzt, und emotional dramatisch sind auch die Sprüche auf den Bildern:

> Tränen sind die besten Freunde, denn sie kommen, wenn andere dich längst verlassen haben · Tränen trocknen … das Herz weint weiter · Ich weine, weil Tränen meine besten Freunde sind

Niemand weiß wirklich wie ich mich im Inneren fühle, erst wenn es zu spät ist, denken alle darüber nach. · Es ist ein Augenblick, der dir das Leben nimmt. · Ich hab Angst, dich zu verlieren! · Ich würde gerne für einen Tag sterben, um zu sehen, wer um mich weinen würde und wer wirklich ein falscher Freund ist. · Dich zu verlieren wäre kein Fehler, es wäre mein Todesurteil. · Schwestern bis zum Tod.

So ein Bild mit Spruch ist schnell auf der eigenen Seite oder im Gästebuch der Freundin gepostet, und entsprechend inflationär war der Einsatz vor allem in den Jahren 2007 bis 2010. Für eine Einschätzung zur psychischen Konstitution der Schulmädchen ist nicht die konkrete Aussage der Motive und Sprüche von Bedeutung, sondern die Frage, welche reale Gefühlslage sich hinter der Faszination für diese überzogene Symbolik verbirgt (Abb. 10.1).

In den Fallbeispielen in Abschn. 11.3 beginnt ein Mädchen die Beschreibung ihrer besten Freundin rückblickend mit dem Satz: *sie hat schon immer zu einer gewissen „emo"-art geneigt, sich sogar manchmal geritzt*. Auch die Leiterin einer Mädchengruppe schildert das Ritzen (Abschn. 11.5) und in Internetforen oder Onlinepsychologieportalen finden sich reihenweise Einträge:

> Viele Eltern sind geschockt, wenn sie bemerken, dass sich ihre Kinder mit Scheren, Rasierklingen oder Scherben die Haut blutig ritzen. Oft betrifft es Mädchen in der Pubertät – mit stark steigender Tendenz (Psychomeda).

Das Ritzen ist bestens geeignet, um unter Mädchen für Aufmerksamkeit zu sorgen. Ähnlich wie bei den Online-

Abb. 10.1 So sahen GB-Pics aus, die aus Sicht der Mädchen in die Kategorie „emo" gehörten. © Casarsa/iStock, © bestdesigns/iStock, © lassedesignen/fotolia, © robsonphoto/fotolia, © Chepko Danil/fotolia

bildern mit dramatischen Motiven, die aus einer Laune heraus gepostet werden, ist auch beim Ritzen für die meisten Mädchen von einer modischen und dramatisierenden Überformung einer harmlosen Durchgangssymptomatik auszugehen.

Die virulente Faszination für selbstverletzendes Verhalten unter Mädchen ist belegt. Unter Jugendlichen im stationären Behandlungsbereich beobachtet Resch (2013, S. 174) „Ansteckungsphänomene", die Patienten ohne Vorerfahrungen mit selbstverletzendem Verhalten einbeziehen. „Sie sind Ausdruck eines Zusammengehörigkeitsgefühls überwiegend bei weiblichen Patienten [...]." Zur Symptomatik klinischer Fälle ist der charakteristische Spannungsbogen einer schnell anwachsenden Affektspirale (Verzweiflung, Enttäuschung, eskalierende Wut) zu zählen, an dessen Höhepunkt es zu einem Druckgefühl und Entfremdungserleben kommt: „Der immer stärker werdende Wunsch sich zu schneiden beginnt das Bewusstsein zu beherrschen" (vgl. Resch 2013, S. 1173).

Einigkeit herrscht nach Resch (2013, S. 1174) in der Literatur darüber, „dass selbstverletzende Patienten in ihrer Biographie durch kumulative Traumatisierungen gekennzeichnet sind. Sie weisen in der Vorgeschichte vermehrt emotionale Vernachlässigungen, körperliche Misshandlungen und sexuelle Missbrauchserlebnisse auf". Brisch (1999) beschreibt die Borderlinesymptomatik im direkten Zusammenhang mit Bindungsstörungen. Unter der Herausgeberschaft von Brisch und Hellbrügge (2003, 2006, 2010) werden aus der modernen bindungstheoretischen Sicht kindliche Traumata umfassend beschrieben.

Nun ist es nicht so, dass alle Mädchen, die sich ritzen, unter klinisch manifesten Persönlichkeitsstörungen leiden, aber als harmlose Modeerscheinung ist das bewusste Zufügen von Schnittverletzungen auch nicht zu bewerten. Die betroffenen Mädchen setzen sich kaum mit Krankheitsbildern auseinander, um diese dann nachzuempfinden, sondern ihnen ist lediglich klar, dass jemand, der sich ritzt und viel weint, psychische Probleme hat. So jemand ist interessant und fordert die Fragen und den Trost der Freundinnen heraus. Die Übergänge zwischen Krankheit und Mode sind hier fließend, signifikant ist aber auf jeden Fall die Affinität von Mädchen im Teenageralter zu dieser selbstverletzenden Handlung. „Wann die Grenze zur Krankheit überschritten ist, wird letztlich durch eine kulturelle Übereinkunft bestimmt" (Niklewski 2003, S. 23).

Viele Formen selbstverletzenden Verhaltens (Tätowieren, Piercing, Beschneidung, Rauchen, Schmiss) sind in den unterschiedlichen Kulturen tief verankert. Wenn jedoch ohne den entsprechenden kulturellen Hintergrund eine Person oder eine Gruppe durch Tattoos, Piercings, radikale Änderung der Frisur und exzessiven Tabak- und Alkoholgenuss auffällt, also verschiedene Ausdrucksformen von Selbstverletzungen auf sich vereinigt, dann wird Kultur nicht auf tradierte Weise gelebt, sondern spontan instrumentalisiert, um unbewusst innere Wunden für sich und andere sichtbar zu machen. Man will für den Augenblick eine sichere Bindung zu sich selbst aufbauen, sich im Kreisschluss mit sich selbst spüren und dabei besonders und geborgen fühlen. Das kann die Zigarette sein, an der innig inhaliert wird, das Piercing, das gegen den Willen der Eltern gestochen wird, oder das für immer unter die Haut gelassene Tattoo mit der individuellen Bedeutung.

Das Gefühl, unsicher gebunden zu sein, kann auch in einem eng vernetzten Freundeskreis aufgelöst werden, in dem immer etwas los ist. Aber gerade wenn die Selbstwahrnehmung emotional ambivalent ist und durch Bezugspersonen massiv beeinflusst werden kann, werden Enttäuschungen und emotionale Verletzungen oftmals wie ein Kontroll- bzw. Ich-Verlust empfunden, dem nur mit einer stressabbauenden Machtergreifung über den eigenen Körper, zum Beispiel durch das Ritzen, zu begegnen ist. Vermutlich entsteht hier in abgeschwächter Form ein Spannungsbogen mit angestrebtem Druckausgleich, wie er für klinische Fälle beschrieben ist (vgl. Resch 2013).

Es müsste von Fall zu Fall geklärt werden, ob sich ein Mädchen, das sich ritzt, eine Mode zur Gewohnheit macht, ob es sich in diese modischen Verhaltensmuster flüchtet, weil reale Probleme vorliegen, oder ob es unbeeinflusst von kultureller Überformung auf schwerwiegende Traumata mit selbstverletzendem Verhalten reagiert. Darüber hinaus lässt sich sozialpsychologisch fragen, welche Defizite eine Generation insgesamt hat, die Symptome psychischer Erkrankungen zur Mode erhebt:

> Leider ist heute auch das „Ritzen" in manchen Gruppen Jugendlicher, auch in Schulklassen fast zur Modeerscheinung geworden. Nicht alle Jugendlichen, die sich (meist leichte) Schnittwunden zuführen, sind „Borderliner". Alle bedürfen aber sicher der besonderen Aufmerksamkeit verbunden mit der Frage: Warum meinen sie durch diese Selbstverletzungen besonders „cool", „in" zu sein, und wa-

rum brauchen sie sie bei ihrer alterstypischen Suche nach einer eigenen Identität (Niklewski 2003, S. 24).

In klinischen Studien fallen junge Frauen als Risikogruppe für selbstverletzendes Verhalten auf, meist wenn in ihren Biografien mehrere seelische Traumata zusammenwirken. Schulmädchen, die dramatische Bilder in ihren Gästebüchern posten oder sich in die Hautoberfläche ritzen, um sich interessant zu machen, haben anders gelagerte Probleme. Sie tragen keine langärmligen Pullis im Hochsommer, um ihre Narben an den Unterarmen zu verbergen, sondern sie wollen ganz im Gegenteil von ihren Freundinnen umsorgt werden. Deren Aufmerksamkeit und Beistand ist ihnen sicher. Unbedenklich ist dieses egozentrische Verhalten auch nicht. Ein Mädchen, das psychisch stabil ist, kommt nicht auf die Idee, auf diese Weise Zuneigung herauszufordern. Je nach Vorgeschichte kann das Ritzen zu Mode oder Krankheit tendieren.

10.3 Ich-Sucht und Liebesmangel – symbiotische Beziehungen

Bindungsstörungen, die in der frühen Kindheit bis ins Schulalter hinein entstehen, sind vermutlich die zentralen Ursachen für das Schulmädchensyndrom. Mit einem Zitat von Maaz (2012) aus dem Kapitel „Narzissmus und Pubertät" soll diese Hypothese noch einmal aufgegriffen werden:

„Pubertät" ist der Protest der Kinder gegen schlechte Behandlung. Dabei meint „schlecht" nicht nur Gewalt und offensichtliche Vernachlässigung, sondern vor allem versteckter Liebesmangel, der sich besonders gern hinter betonter Zuwendung und materieller Überversorgung verbirgt. Es geht um die Empathiefähigkeit der Eltern, nicht um ihren Bildungs- und materiellen Versorgungsehrgeiz (Maaz 2012, S. 136).

Maaz sieht die Revolte der Pubertät als eskalierendes narzisstisches Defizit, als kanalisierte Enttäuschung und Wut, die aus einem Mangel an mütterlicher Liebe resultiert. Da keine Mutter und kein Elternpaar eine feinfühlige Vollversorgung leisten kann, sind narzisstische Defizite programmiert, die sich in der Adoleszenz an kleinen Konflikten mit den Eltern entzünden. Was gemeinhin als pubertäres Verhalten bekannt ist, ist weitestgehend unproblematisch. Die Pubertät ist jedoch „keine normale Entwicklungskrise" (Maaz 2012, S. 136), auch wenn sie seit Generationen als solche erlebt wird.

Die Zuspitzung von Defiziten in krankhafte, narzisstische Störungen (Größenwahn, Geltungssucht, Suizid) ist in den Biografien der Sprösslinge aus Adelsfamilien und reichen Bürgerhäusern als Folge von wechselnden Bindungspersonen (Ammen, Gouvernanten, Erzieher, Kindermädchen), daraus resultierenden Verlusttraumata, und frühem Leistungsdruck zahlreich dokumentiert und hat wohl auch literarische Epochen mit geprägt. Solche Symptome, die ehemals vor allem in sozialen Schichten auftraten, die sich Ammen und Internate leisten konnten, scheinen zu einem flächigen Phänomen aktueller Gesellschaften zu werden. Der gesamte Erwartungsdruck ehrgeiziger Eltern lastet auf ein oder zwei Kindern, die schon in der 1. Klasse mitbekommen, dass sie unbedingt aufs Gymnasium müssen. Es geht schon früh darum, besser zu sein und ein entsprechendes Auftreten an den Tag zu legen.

Wird aus Forderung Überforderung, aus elterlichem Rückhalt elterlicher Zwang, und kombiniert sich das mit dem Gefühl, in Ganztagsbetreuungen wegorganisiert zu werden, stauen sich Enttäuschungen auf. Sind die Eltern für spontane Trotzreaktionen tagsüber kaum (an-)greifbar, weil sie selbst gestresst erst abends nach Hause kommen, summieren sich die abgelegten Enttäuschungen, bis sie in der „normalen Pubertät" wieder hochkommen. Vor allem die als Mutterverlust erlebte frühkindliche und dann schulische Fremdbetreuung in Ganztagseinrichtungen erzeugt Stress, seelische Verletzungen und Minderwertigkeitskomplexe, die mit süchtigem Agieren, irrationalen Wut- und Trotzreaktionen gegen sich und andere sowie weiteren Kompensationsstrategien ausgeglichen werden.[1]

Neben narzisstischen Regulationen, die Eltern und Lehrer mit Sorge wahrnehmen – Schlagworte sind Komasaufen, (Cyber-)Mobbing, frühe Beziehungen –, stellen die symbiotischen Beziehungen in so manchen Mädchenfreundschaften eine Spielart der narzisstischen Liebe dar. So emotional, wie die Freundschaften online dargestellt werden, so instabil sind sie teilweise auch. Von Seelenverwandtschaft und Schwesternliebe sprechen Mädchen, deren Selbstwahrnehmung abhängig geworden ist von allerbesten Freundinnen. Immer wieder neue Selfies sollen bestätigende Likes und Kommentare einsammeln. „Ohne dich kein mich" ist

---

[1] Maaz (2012) beschreibt dies ausführlich, und Brisch (1999) führt zahlreiche Anamnesen zu den verschiedenen Formen einer Bindungsstörung an.

eine der Phrasen, die Konjunktur haben. Die innere Sehnsucht nach Liebe und Vollständigkeit kann weder in einer Freundschafts- oder Liebesbeziehung noch in der vollständigen Assimilation in einen Kult gestillt werden.

Die Beziehungsmotive der Schulmädchen sind psychologisch eindeutiger als Kultivierung eines histrionischen Persönlichkeitsstils zu bezeichnen. Nach Sachse (2002) ist die histrionische Persönlichkeitsstörung durch dramatisches, affektiertes und egozentrisches Verhalten gekennzeichnet. Hinter der hohen Manipulation von Interaktionspartnern steht das massive Bedürfnis nach Aufmerksamkeit, Anerkennung und Wichtigkeit. Sachse (2002) bezieht sich meist auf klinische Fälle erwachsener Klienten, doch viele seiner Ausführungen sind kennzeichnend für das Schulmädchensyndrom: Das Auftreten ist sexuell-verführerisch und provokativ. Emotionen werden übertrieben, und das wirkt oft gekünstelt und oberflächlich. Beziehungen werden inszeniert und Bekannte wie enge Freunde behandelt. Menschen mit einem histrionischen Persönlichkeitsstil neigen dazu, den anderen ins Vertrauen zu ziehen, intime Gespräche zu führen, dramatisch deutlich zu machen, wie wichtig die Beziehung ist, und Gefühle einzufordern. In engen Beziehungen zeigen sie oft eine geringe Frustrationstoleranz und vereinnahmen ihren Partner, der sich zur Komplementarität verpflichtet fühlt. Er soll sich ständig kümmern, solidarisch zeigen und mehrmals am Tag sagen, wie sehr er die Person liebt. Grundlegend für die histrionische Persönlichkeitsstörung ist ein geringes Selbstwertgefühl, das messbare emotionale Leistungen einfordert und Strategien optimiert, auf die Bezugspersonen mit Zuwendung reagieren sollen, was von den Betroffenen selbst so nicht wahrgenommen wird.

Brisch (1999) erwähnt die Sucht nach gespiegelter Selbstwahrnehmung im Zusammenhang mit Abhängigkeitsverhältnissen in Paarbeziehungen: „Der Übergang von romantischer Liebe und einer Schwärmerei für bestimmte Stars oder Musikgruppen bis hin zu Störungen mit Beziehungssucht oder sehr symbiotischen Beziehungen ist fließend." Und zur Gestaltung von psychotherapeutischen Settings mit unsicher gebundenen Patienten heißt es:

> Wenn die Bindungsbedürfnisse bei unsicher gebundenen, nach Bindung hungernden Patienten zu schnell befriedigt werden, gibt es nach unserer Erfahrung noch keine sichere Basis, auf der auch Enttäuschungen und Frustrationen ausgehalten werden können. Relativ rasch wird dann die Beziehung [zum Therapeuten] trotz intensiver Bedürfnisbefriedigung wieder abgebrochen (Brisch 1999, S. 207).

Die für die Schulmädchen zu beobachtende Symbiose nach kulturellen Mustern – auf dem Schoßsitzen, Händchenhalten, Umarmungen, Trösten, Bemuttern, perfektionierter Partnerlook, Liebesbeweise in allen medialen Formen, Uniformität im Aussehen, in der Sprache und im Verhalten – kann nur eine äußerliche Verschmelzung bleiben. Für einen gewissen Zeitraum wird der Vergeblichkeit und Verlustangst mit emotionaler Überkompensation begegnet; die Intimität und Exklusivität wird gesteigert, die Einträge werden immer länger und emotionaler, und Probleme werden als immer hilflosere Situationen inszeniert, um die Freundin so eng es geht, an sich zu binden. Unter der vor sich selbst und anderen so schillernd inszenierten Symbiose *allerbester Freundinnen für immer & ewig* kennt der Egoismus bzw.

das unstillbare Bindungsbedürfnis oft keine Grenzen. *Alles Meins* und *nur meine* posten die Mädchen immer wieder unter die Profilbilder ihrer Freundinnen. Wenn die Belastung durch Vereinnahmung bei gleichzeitiger Frustration durch ungestillte Bedürfnisse für beide Mädchen zu groß wird, kann es zum enttäuschten Abwenden oder zu einer explosionsartigen Entladung im Streit kommen. „Sie ist ja gar nicht so wie ich, das hab ich immer schon geahnt", lautet die resignative oder wütende Erkenntnis.

Narzisstische Kompensationsversuche in einer Mädchenfreundschaft oder Beziehung führen meist dazu, dass die ursächlichen Enttäuschungen unbewusst noch einmal erlebt und immer wieder reproduziert werden. Die unbefriedigte Sehnsucht nach bedingungsloser Empathie bleibt unerfüllt, weil sie die Freundin oder den Freund zwangsläufig überfordern muss. Die beste Freundin oder der erste Freund werden auserwählt als primäre Bezugsperson, aber das versetzt sie nicht in die Lage, sich so bedingungslos und feinfühlig umsorgend zu verhalten, wie es sich das Mädchen von seinen Eltern gewünscht hätte. Sichere Bindungserfahrungen von Geburt an bis ins Jugendalter sind die entscheidende Basis für eine spätere Beziehungsfähigkeit:

> In einer Partnerschaft gilt es, das Gleichgewicht zwischen Bindung und Exploration, Spaß und Verantwortung etc. immer wieder auszutarieren und zu gestalten. [...] Wie die Bindungsforschung zeigt, gelingt es sicher gebundenen Menschen am besten, diesen Spannungsbogen zwischen Nähe und Distanz, Bindung und Autonomie etc. positiv zu gestalten, während vermeidende oder ängstlich gebundene Personen dazu neigen, die Spannung zum einen oder anderen Pol hin aufzulösen (Freitag 2013, S. 18).

Die zwei Reaktionsmuster „Vermeidung von Nähe oder abhängig-klammerndes Verhalten", die Freitag (2013, S. 18) für Paarbeziehungen zwischen unsicher gebundenen Menschen beschreibt, finden sich tendenziell auch in Mädchenfreundschaften.

Besonders eskalieren können Wut und Enttäuschung, wenn in einer Beziehung zwei unreife, bedürftige Menschen aufeinandertreffen. Dies gilt für Partnerschaften im Besonderen, aber eben auch, wenn die Bindung zwischen zwei Freundinnen in ihrer Emotionalität sehr exklusiv gestaltet ist. Erst gegen Ende der Pubertät mit 15 bis 18 Jahren verlagern sich die Bewältigungsstrategien von Bindungsdefiziten schrittweise aus der Kuschelzone der Cliquen und Mädchenfreundschaften in die Bereiche Karriere, Partnerschaft und später auch Schwangerschaft und Kinder.

Literatur

Brisch KH (1999) Bindungsstörungen. Von der Bindungstheorie zur Therapie. Klett-Cotta, Stuttgart

Brisch KH, Hellbrügge T (Hrsg) (2003) Bindung und Trauma. Risiken und Schutzfaktoren für die Entwicklung von Kindern. Klett-Cotta, Stuttgart

Brisch KH, Hellbrügge T (Hrsg) (2006) Kinder ohne Bindung. Deprivation, Adoption und Psychotherapie. Klett-Cotta, Stuttgart

Brisch KH, Hellbrügge T (Hrsg) (2010) Bindung, Angst und Aggression. Theorie, Therapie und Prävention. Klett-Cotta, Stuttgart

Freitag T (2013) Fit for Love? Praxisbuch zur Prävention von Internet-Pornografie-Konsum. Return, Hannover

Maaz H-J (2012) Die narzisstische Gesellschaft. C.H. Beck, München

Niklewski (2003) Leben mit einer Borderline-Störung. Trias, Stuttgart

Noack P (2002) Familie und Peers. In: Hofer M et al (Hrsg) Lehrbuch Familienbeziehungen. Eltern und Kinder in der Entwicklung. Hogrefe, Göttingen, S 143–167

Psychomeda http://www.psychomeda.de/lexikon/ritzen.html

Reinders H (2004) Freundschaften im Jugendalter. http://www.familienhandbuch.de/cms/Jugendforschung-Freundschaften.pdf

Resch F, Brunner R (2013) Selbstbeschädigungserkrankungen und Artifizielle Störungen. In: Lehmkuhl et al (Hrsg) Lehrbuch der Kinder- und Jugendpsychiatrie. Bd 2: Störungsbilder. Hogrefe, Göttingen, S 1169–1189

Sachse R (2002) Histrionische und Narzisstische Persönlichkeitsstörungen. Hogrefe, Göttingen

Voigt M (2015) Mädchenfreundschaften unter dem Einfluss von Social Media. Eine soziolinguistische Untersuchung. Peter Lang, Frankfurt a. M.

11
Fallbeispiele zu den Beziehungen zwischen besten Freundinnen

Punktuelle Befragungen einzelner Mädchen bestätigen die vorangegangene Einschätzung zur erhöhten Bindungsintensität in Mädchenfreundschaften und sollen die bisher gewonnenen Erkenntnisse noch einmal reflektieren. Systematische Interviews im größeren Rahmen, die das Bindungsverhalten unter Teenagern, also Paarbeziehungen und moderne Mädchenfreundschaften, tiefenpsychologisch beleuchten, wären aussagekräftiger. Dieses Kapitel kann nur ein Anfang sein.

Der persönliche Kontakt zu einigen Mädchen ermöglichte teils recht lange Gespräche mit spontan formulierten Gedanken. Problematisch war allerdings die verständliche Reaktion der Mädchen, sich mir gegenüber von ihrer Altersgruppe abgrenzen zu wollen. Dies war meistens der Fall, wenn sich die Befragte als Repräsentantin des Schulmädchenkonzepts erkannt fühlte. Schon eine Frage nach den für Mädchen charakteristischen Schreibweisen konnte heftige Reaktionen hervorrufen:

'tschuldigung aber ich find sowas so mega peinlich .. haben die leute denn nie richtig schreiben gelernt ?! Und was sind das für leute, die sowas schreiben?! okay mit 11 ist es ja noch ganz ok .. aber spätestens mit 14 sollte man mit groß-klein, doppel i, q statt g, .. aufhörn !! (14 Jahre).

Verwertbare Antworten zur Bedeutung der besten Freundin ließen sich nur unter bestimmten Voraussetzungen gewinnen. Das Einbeziehen der Befragten in ihrer Rolle als Expertin war entscheidend. Viele Fragen zum Thema Freundschaft entwickelten sich aus allgemein lebensphilosophischen Überlegungen und wurden je nach Situation im Rahmen privater Messanger- oder Chatgespräche, vis-à-vis oder am Telefon gemeinsam diskutiert. Die unangenehme Konfrontationssituation des Erkanntwerdens wurde durch eine Lust an der Selbsterkenntnis ersetzt, und die Mädchen formulierten selbstständig und neugierig ihre Meinung.

Die Zahl solcher Diskussionen ist natürlich begrenzt, denn nur wenige Mädchen konnte ich in meine Überlegungen miteinbeziehen und mit Fragen konfrontieren, die die Beziehung zu ihren Eltern, ihrer besten Freundinnen und ihren Freundeskreisen betrafen. Meine Gedanken sprach ich offen an, und günstigstenfalls händigte ich vorab Artikel von mir aus. Das Erstaunen, das die Lebenswelt von Mädchen ein Forschungsthema ist, und der Wiedererkennungseffekt waren oftmals der Einstieg in ein Interview.

Ziel war es, die Beziehung zur Freundin im Hinblick auf Neufelds These (2006) zur Primärbindung und Gleichaltrigenorientierung zu untersuchen. Entsprechend stelle ich hier Gespräche mit Mädchen vor, die eben nicht aus offensichtlich schwierigen Familienverhältnissen kommen, was eine intensivierte Bindung an Freunde erwarten lassen würde. Die Mädchen wuchsen mit mehreren Geschwistern in weitestgehend stabilen Familienverhältnissen auf und besuchten ein Gymnasium oder eine Realschule. Allerdings hatten sich im Zeitraum zwischen Befragung und Fertigstellung des Buchs in drei der Familien die Eltern getrennt, was rückblickend zeigt, wie schwierig eine Bewertung der tatsächlich Situation ist. Zwei der Mädchen waren zum Zeitpunkt der Befragung 14, das dritte 16 und das vierte 18 Jahre alt.

Eine Zeitungsmeldung über ein Eifersuchtsdrama in einer Mädchenfreundschaft und die Entwicklungen in einer Mädchenministrantengruppe aus Mühldorf ergänzen meine eigenen Beobachtungen. Die Betreuerin der Mädchengruppe schildert ihre Erlebnisse aus der Zeit, als die ersten Onlinenetzwerke ganze Schulklassen erreichten.

11.1 Linea

Das erste Gespräch fand im Juni 2009 über das zeitversetzte Privat Message System von lokalisten statt, in dem sich die 14-jährige Gymnasiastin Linea auf ihre aktuellen Freundschaften bezog. In unserer Diskussion über Freundschaft und zum Verhältnis zwischen Linea und ihrer besten Freundin stellte ich zwischendrin die Suggestivfrage *in punkto vertrauen steht sie also für dich an erster stelle? noch vor deinen eltern?*, um die Diskussion zunächst in die beabsichtigte Richtung zu lenken. Linea antwortete: *ja klar .. wir wissen halt einfach, dass -auch wenns mal streit gibt- alles unter uns bleibt ja, vor meinen eltern.* Nun war es nicht das Ziel, das Exempel einer fehlgeleiteten Orientierung zu statuieren. Vielmehr nahm ich im Verlauf der Fragen eine relativierende Position ein. Aber ausgehend von dieser Frage gewann die Diskussion um Lineas Bindungsintensität zur besten Freundin an Tiefe:

> ich find des schöne is eigntl dass wir beide unsre freunde & hobbies haben aber immer noch wissen dass es jmdn gibt an den man sich wenden kann wenns richtig um was geht oder wenn man einfach reden will und weiß der andre verstehts .. und des klappt deshalb so gut weil wir einfach beide so gleich sind ..
>
> [...] dass es mal ne kurze phase gab, in der wir uns nicht mehr beachtet haben und dass mir das sehr ans herz ging weil ich einfach niemanden mehr hatte dem ich meine probleme vorheulen konnte und der dafür dann auch verständnis hatte.
>
> Bei mir wars eigentlich immer so, dass ich eben alles private nur mit meiner besten besprochen hab. Ich hab zwar schon auch andre freunde mit denen ich gern was mache, aber ich weiß halt eben auch, dass sie entweder nicht das verständnis aufbringen oder dass man ausdrücklich dazu sagen muss wenn es nicht die ganze schule wissen darf und das find ich persönlich bei manchen sachen einfach selbstverständlich dass man es für sich behält .. und meine beste auch (: Die Freundschaften zu andren mädls ist also schon da, aber eben eher nur oberflächlich.

Linea beschränkt sich auf den Kontext Schule und bezieht sich automatisch auf ihr schulisches Umfeld, wenn sie an Situationen denkt, die ihre beste Freundin unentbehrlich machen. *Wenns richtig um was geht*, ist die Freundin ihre Ansprechpartnerin und *alles private* wird mit ihr besprochen. Sie telefonieren oft über eine Stunde lang, wenn die Freundin kein Telefonverbot hat, aber in den Ferien, wenn nicht viel los ist, *meistens nich so lang weil man da einfach nich so viel gesprächsstoff hat.* Je ereignisreicher der Schultag ist, umso mehr Gesprächsbedarf besteht. Vor allem wenn es um Jungen geht, gibt es nur eine Ansprechpartnerin:

> ich will jetzt nicht sagen, dass meine mam hinterm mond lebt, aber es ist halt einfach so, dass wenn ich meine bf [beste Freundin] frag, dass die dann erstens weiß um wens geht und zweitens vllt weiß was der typ gut findet oder wo irgendwas los ist wo man hingehn kann oder was man machen kann..

Linea listet in ihren Antworten einige *Kleinigkeiten* auf, die sie ihrer Mutter nicht anvertrauen würde. Ihre Auswahl an Beispielen (heimlich nachts nach München fahren, Unterschriften fälschen) soll mir gegenüber ihre erwachsene Souveränität verdeutlichen:

> ich würde nicht sagen, dass ich mit meinen Eltern keinen Gesprächsstoff hätte aber manche Fragen erledigen sich auch, wie dein Beispiel : wie wars in der schule?! .. naja .. meine Mam weiß ganz genau, dass sie mich sowas nicht mehr fragen braucht, weil ich sowieso nichts wirkliches antworte.. und wenn schon dann nur sowas wie: passt schon. Wenn sie wirklich was wissen will, dann fragt sie mich genau nach etwas, aber nicht so sinnlose Sachen. Das einzige Problem ist glaub ich einfach, dass man seinen Elterrn nicht unbedingt viel aus seinem Alltag/Leben erzählen will, weil man genau weiß, dass dann iwelche Vorhaltungen kommen oder so. Ich kann ja schlecht zu meiner mam sagen: ne, mama weißt du, ich übernachte nicht bei der jassi, sondern ich fahr mit paar Leuten nach München

und dann schaun mal wie lange wir bleiben, wie viel wir zu trinken kriegen, wie wir heim kommen & wo wir pennen. Der Alltag besteht nun mal aus so kleinen Dingen, die man einfach nicht sagen KANN .. Beispiele auch noch: die Unterschrift fälschen, in der Pause das Schulgelände verlassen, in der Nacht stundenlang telefonieren, ... Das sind einfach alles Kleinigkeiten, die man seiner bf erzählen kann aber nicht den Eltern ! Und deshalb ist es ja auch so, dass man – mehr oder weniger – immer Gesprächsstoff hat. Und ja, es ist so, dass wir manchmal lange telefonieren, aber wirklich stundenlang teln kann ich nur mit einer Person .. und da weiß ich hinterher wirklich nicht mehr worüber wir geredet haben ;D

Verbringen Tochter und Mutter ihren Alltag größtenteils getrennt, fehlen die Gesprächsthemen. Für Lineas Mutter ist es schwer, eine kommunikative Nähe über naheliegende Gesprächsanfänge herzustellen, etwa *wie wars in der schule*. Sie muss *genau nach etwas* fragen, das heißt, es werden Inhalte ausgetauscht, während Linea mit ihrer Freundin *stundenlang teln kann*, ohne dass es um konkrete Informationen geht.

Die Voraussetzung für ungezwungene Unterhaltungen sind gemeinsam erlebte *Kleinigkeiten* als spontane Anknüpfungspunkte und nicht deren einseitige Schilderung. Der Wunsch der Mutter, den Tag ihrer Tochter retrospektiv miterleben zu können, wird von dieser als eine Art des Zur-Rede-Stellens missverstanden. So bleibt das Gespräch oftmals auf dem Niveau eines schlichten Informationsaustauschs hängen und scheitert an Antworten wie *passt schon*. Der Alltag wird lieber ausführlich mit der Freundin resümiert. Gerade wenn der soziale Stand in der Klasse immer wichtiger wird, kann sich eine über die Abnabelung hinausgehende Distanz zu den Eltern aufbauen, die in den wenigen gemeinsamen Momenten am Abend oder am Wochenende kaum noch zu überwinden ist. Wird aus Konflikten und unausgesprochenen *Kleinigkeiten, die man seiner bf erzählen kann aber nicht den Eltern* eine komplexere Verweigerung seitens der Tochter, sprechen resignierte Eltern von „normaler Pubertät" oder einer frühen Selbstständigkeit ihrer Tochter.

Gemeinsam verbrachte Zeit ist eine der wichtigsten Bedingungen für eine stabile Eltern-Kind-Bindung. Diese Orientierungsbeziehung und feinfühlige Bindung zwischen Eltern und ihren Kindern, die die Entwicklung von Individualität und Reife überhaupt erst ermöglichen (vgl. Neufeld und Maté 2006), steht in Familien, deren Mitglieder in unterschiedlichen Tagesabläufen stark eingebunden sind, auf wackligen Füßen. Teenager verbringen deutlich mehr Zeit in ihrer jeweiligen Altersgruppe, als im altersheterogenen Umfeld einer Großfamilie, und das ist eine relativ neue Entwicklung, die sich seit dem Ausbau der Ganztagsbetreuung an den Schulen verschärft. Ansprechpartnerin und Orientierungspunkt während des langen Schultags wird die beste Freundin. In dieser Beziehung geht es nicht nur darum, der Freundin *probleme vorheulen* zu können, sondern auch darum, der Klassenöffentlichkeit nicht alleine gegenüberzustehen. Wenn Linea meint, ohne ihre Freundin *einfach niemanden mehr* zu haben, an den sie sich wenden kann, so bezieht sie sich dabei auf den sozialen Raum Schule, der ihre Lebenswelt ausfüllt.

Lineas Antworten deuten auf eine starke emotionale Verankerung in ihrem Freundeskreis hin, können aber auch mir gegenüber provokant geäußert worden sein: *Ich kann ja*

schlecht zu meiner mam sagen: ne, mama weißt du, ich über-
nachte nicht bei der jassi, sondern ich fahr mit paar Leuten
nach München und dann schaun mal wie lange wir bleiben,
wie viel wir zu trinken kriegen, wie wir heim kommen & wo
wir pennen. Solche Aktionen einer 14-Jährigen fallen nicht
mehr in die Kategorie der schrittweisen Abnabelung, sondern sind charakteristisch für eine scheinbare Selbstständigkeit. Linea fühlt sich erwachsen, begegnet ihrer Mutter
innerlich auf Augenhöhe und empfindet jegliche Aspekte
eines Kind-Eltern-Verhältnisses – erzieherische Einfluss-
nahme, Fragen zur Schule – als bevormundend und unan-
gemessen.

11.2 Nele

Zum zweiten Gespräch im November 2010 liegt der Mit-
schnitt eines zeitsynchronen Chatdialogs auf Facebook mit
parallel verlaufenden Gesprächssträngen vor. Die 14-jährige
Gymnasiastin Nele hatte einen Beitrag von mir gelesen. So
konnte ich sie in meine Gedanken zu den langen emotionalen Einträgen einbeziehen und sie als Expertin und Repräsentantin ihrer Generation befragen. Ohne sich bloßgestellt
zu fühlen, fand Nele es spannend, Muster in ihrem eigenen
Beziehungshandeln zu erkennen. Etwas Überwindung hat
es sie dennoch gekostet. Konsequent spricht sie von *früher*
und einer Phase in der Vergangenheit, um sich so mir gegenüber von ihren früheren Empfindungen zu distanzieren,
die ihr in der Befragungssituation wahrscheinlich unange-
nehm waren. In folgendem Auszug aus dem Chatverlauf
schildert Nele (Antworten in kursiver Schrift) eine „heiße"

Phase, in der sie ihre Freunde als Familie wahrgenommen hat:

* [...] okay .. und wenn du in den „heißen phasen" die beziehung zu deiner mutter und zu deiner freundin vergleichst…
* die beziehung zu meinen freunden war definitiv besser ! die waren eigtl meine familie ..alles was für mich da gezählt hat
* also ist das „lieben" wenn überall „ich liebe dich" steht doch gerechtfertigt?
* mmh ja aber man überblickt da glaub ich die bedeutung noch nicht
* tja ich glaub auch man sagt es schon irwie weil alle es sagen ^^
* aber nochmal .. die meisten eltern sind doch wirklich in ordnung?! ich frage deswegen, weil das für die hintergründe interessant ist. jetz nich du konkret sondern genrell.
* ka das is einfach so .. eltern sind liebe menschen aber man will das nich so wahrhaben, die freunde sind halt die familie und punkt
* hmm ich hab das jez schon ein paar mal von mädels gehört, deren eltern sich wirklich kümmern und sie überall hinfahren und so. keine kaputten familien. keine großstadt-gehdoo kids. .. und die sagen auch: freunde ersetzen die familie. wirklich? ist das so ..??
* ja das ist anfänglich so. aber jetzt z. B. sagen wir mal seit einem jahr verbring ich auch wieder viel mehr zeit mit meinen eltern, freiwillig & gerne ..aber früher hab ich vieeeeeeeeel lieber was mit meinen freunden als meinen eltern gemacht

* ja klar dass man lieber was mit den freunden macht is
  klar, aber man kann sich ja nicht gleichviel an den eltern
  und an der freundin orientieren, also wenn da konflikte
  entstehen
* das is dann definitiv die freundin
* ob man noch bei den eltern mit in urlaub fährt, weil
  man dann die freunde mal zwei wochen nicht sieht …
  und die bindung zu der person, die einen mehr beeinflusst, entscheidet über das verhalten und wertmaßstäbe
  und so. und jez is die frage ob die freundin als „wichtigste person" wirklich die wichtigste person ist?
* ich glaub ich hab mich in der zeit gleich null an meiner
  ma orientiert, wir haben uns eigtl jeden tag gestritten
* puh aber vlt is das normal oder? unnormal wär doch,
  wenn dich das was deine mam sagt überhaupt nich berü-
  hern würde und du einfach trotzdem bei deiner freundin
  pennst oder so und machst was du willst. und dann ist
  die frage wie oberflächlich diese streiterein sind, denn im
  grunde liebt man doch seine eltern…
* mmh ja mir wars aber im endeffeckt egal was sie sagt..
  ich hätt sie auch total stehen lassen wenn meine beste
  freundin sonst sauer wird (würd ich heute nicht mehr
  machen, aber damals schon)

Trotz meiner Versuche, das Verhältnis zu den Eltern als die
intensivere Bindung und pubertäre Konfliktsituationen als
an sich *oberflächliche Streitereien* darzustellen, beharrte Nele
auf ihrer damaligen Sichtweise (*mir wars aber im endeffeckt
egal was sie sagt..ich hätt sie auch total stehen lassen wenn
meine beste freundin sonst sauer wird*). Nach Neufeld und
Maté (2006) wäre solch ein Verhalten einer 13-Jährigen,
die Auseinandersetzungen mit ihren Eltern über sich erge-

hen lässt, um anschließend das zu tun, was die Clique bzw. die Freundin möchte, kein pubertärer Entwicklungsschritt hin zu einer erwachsenen Eigenständigkeit, sondern Anzeichen für eine fehlgeleitete Primärbindung.

Mit Blick auf Neles Umfeld vermute ich, dass ihr Verhalten und ihre „rebellische" Phase, die sie mit nur einjährigem Abstand schildert, noch nicht mit dem von Neufeld und Maté (2006) beobachteten Cliquenverhalten zu vergleichen ist. Neles Freundschaften existieren nach wie vor, und daher schwankt sie im Chatdialog mit mir zwischen Loyalität gegenüber ihren Freundinnen und der Einsicht, dass ihre Eltern doch die emotionale Basis sind.

11.3 Kim

Das dritte Mädchen war zum Zeitpunkt der Befragung – im Januar 2012 – 16 Jahre alt und besuchte ebenfalls ein Gymnasium. Sie berichtet über die Zeit mit ihrer ehemals besten Freundin, als sie beide 14 Jahre alt waren. Ich hatte sie gebeten, ihre Erlebnisse, die sie mir am Telefon beschrieben hatte, noch einmal in einer Facebook-Nachricht zusammenzufassen:

> naja ich hab dir ja schon erzählt dass wir eben gute freunde waren in jedem fach nebeneinander saßen und abends dann noch telefonierten. wir haben uns zwar durchaus manchmal gestritten, weil sie mich als ihre beste freundin sah und ich eigentlich auch mit anderen gut und auch besser befreundet war, aber wir waren zugegebenermaßen unzertrennlich

sie hat schon immer zu einer gewissen „emo"-art geneigt, sich sogar manchmal geritzt aber das war mir egal, ich mochte sie trotzdem.

dann kam eines tages diese SACHE, sie ist auf toilette und hat tabletten genommen, von denen sie wusste dass da wirkstoffe enthalten waren, gegen welche sie allergisch reagierte. und natürlich war ich es, die sie fand und hab mich um alles gekümmert. das war, nachdem wir einen streit hatten und ich mich mit anderen mädchen unterhalten hatte

das hat mich bereits ziemlich geschockt und ich hab mir überlegt, abstand zu halten. aber nach einiger zeit war es fast wieder so wie früher.

dann kam dieser elternabend, vor dem wir beide ziemlcih angst hatten, da unsre noten nicht besonders gut gewesen waren

als meine eltern nach hause kamen, wollten sie mit mir reden und ich war extrem besorgt wegen einer schlechten schulaufgabe. doch, dass war garnicht ihr hauptthema, sie erzählten, dass unsre klassenleiterin meine freundin und mich als LESBISCH beschrieben hatte!

ich war total geschockt^^ bei meiner freundin dasselbe. meine eltern baten mich, ein bisschen mehr von unsrer freundscxhaft zu erzählen, und während ich erzählte, wurde mir klar, dass es schon ein bisschen komisch war, wenn sie mitten im unterricht losheulte und ich sie dann tröstete, die küsserei und das händchen halten. ich habe ihnen auch von dem vorfall mit den tabletten erzählt.

danach war nichts wie vorher. obwohl wir uns sagten, dass wir wegen dieser blöden lehrerin unsere freundschaft nicht vernachlässigen würden, hat sie sich irgendwie gespalten. und das ist gut so. heute hab ich viele verschiedene freunde und sie hat auch mehrere auf die sie sich stützen kann.

wir sind zwar noch befreundet, aber es ist eine „normale" freundschaft.

Gesteigerte körperliche und emotionale Intimität, heftige Eifersucht und selbstverletzendes Verhalten, um die Freundin unter Druck zu setzen, sind nach Neufeld und Maté (2006) Anzeichen einer seelischen Labilität in einer Bindung, die nicht die Verlässlichkeit bietet, die von ihr verlangt wird. Wenn natürliche Grenzen einer Freundschaft aufgegeben werden, um der Beziehung immer mehr das abzuverlangen, was sie nicht sein kann, haben außenstehende Beobachter wie Kims Klassenleiterin eine einfache Erklärung parat, die möglicherweise bei betroffenen Mädchen noch mehr Unsicherheit erzeugen kann. Freundinnenpaare, die ihre Intimität auf eine Weise inszenieren und herausfordern wie Kim und ihre Freundin, leben keine homosexuelle Beziehung, sondern ziehen alle Register, um die Freundin noch enger an sich zu binden.

Wer im Unterricht *losheult*, macht die Mitschüler zu Zeugen und hat ein Publikum. Natürlich muss Kim als beste Freundin und Banknachbarin Trost spenden. Sie vermutet selbst, dass die kritische Situation von ihrer Freundin vermutlich so arrangiert war, dass sie ihre Freundin auf der Toilette finden musste. Eifersucht als Motiv wird von Kim ganz klar angesprochen.

Dass zahlreiche Mädchen sich solcher Verhaltensmuster in abgeschwächter Form als einer Art Mode bedienen, zeigt, dass in dieser Generation entsprechende psychosoziale Tendenzen vorliegen. Küsse unter Freundinnen (Bussis mit gespitzten Lippen sind hier nicht gemeint), vereinnahmendes, emotionales Unter-Druck-Setzen und das sogenannte Ritzen, auch wenn es nicht ernsthaft ausgeführt wird, sind bereits Ausdruck einer erworbenen Disposition, die den Borderlinesymptomatiken zuzuordnen ist. Die kulturelle Überformung solcher Symptome wie sie Kim schildert (sie spricht von einer gewissen *„emo"-art*), basiert auf einer realen psychischen Labilität, die in der Generation der beobachteten Mädchen offenbar keine Einzelfälle sind.

11.4 Silvia

Das vierte Mädchen, eine ehemalige Realschülerin, war zum Zeitpunkt der ersten Gespräche über ihre Mädchenfreundschaften 17 Jahre alt. Sie war an meinen Gedanken interessiert und nahm die Gelegenheit zum Anlass, sich intensiv mit einer Freundschaft in der 8. Klasse, Schuljahr 07/08, auseinanderzusetzen. Sie schrieb die Entwicklung ihrer Freundschaft chronologisch auf und fügte zahlreiche Einträge aus den jeweiligen Onlinegästebüchern in den Text ein.

Silvias Freundin Lina kommt als Wiederholerin der 8. Jahrgangsstufe neu in die Klasse. Da sie älter ist und diese „Reife" vermutlich auch darzustellen weiß, erwirbt sie einen hohen sozialen Status in der Klasse. Viele Mädchen wollen mit ihr befreundet sein, aber Lina entscheidet sich für Silvia. Silvias Schilderung zeigt, in welchen Umfängen soziale Medien die Darstellung und Gestaltung von Mädchenfreundschaften beeinflussen. Die beiden Mädchen nutzen den virtuellen Raum gezielt, um ihren Mitschülerinnen ihre Zusammengehörigkeit zu demonstrieren.

Silvia genießt die Aufmerksamkeit und die gemeinsame
Zeit in der Schule und am Nachmittag (*beinahe jeden Tag*)
und sie macht begeistert mit, wenn Lina Ideen hat. Silvia
ist stolz, dass das Interesse von Lina ihr gilt und sie beide
Freundinnen werden. Der Einfluss der Älteren nimmt zu,
wie ein Auszug aus Silvias Text zeigt:

GB von Lina an mich im April 2009, heimlich Alkohol
gekauft:
schatz<33
du bist mein leben ich liebe dich ABFF
alsooo .....pssssst des darf nich jeder wissen =P
boah unsere chillerstunden am see sind immer sooou geil
ich liebe es mit dir dort zu sitzen
aber wir haben auch schon schlechte zeiten da gehabt…ich
sag nur saufen…und flaschenpost xD
ja wir sind schon bisschen geil oder?
[…]
dann denken wir uns ein neues spiel aus..xD nich mehr so
ein scheiß
und dann saufen tanzen saufen tanzen hinfallen tanzen
saufen
boaaah schatz ich freu mich schon sooo derbe und dann
bei dir pennen so lange ist es her das letzte mal so eine
geile zeit
aber das wird alles wieder so wie früher
dafür sorge ich schon ich liebe dich zu sehr um dich gehen
zu lassen schatzal
wir 2 sind wie ein hurricane da wo wir waren ist alles zerstört…
ABFF

An anderer Stelle berichtet Silvia, dass sie zusammen auf die TimeOut (eine Schülerparty) gehen wollten, ohne dass ihre Eltern das erlaubt hatten:

> Ein Paar Tage davor hatten wir uns total bitchige Outfits im Partnerlook gekauft (weiße bzw. schwarze Corsage). Meinen Eltern erzählte ich dann am Tag der TimeOut, dass ich bei Lina übernachten wollte. Das kauften sie mir aber nicht so ganz ab. Sie riefen mich am Handy an und ich bin nicht rangegangen, weil ich es nicht gehört hab. Dann sind sie zur Lina nach Hause gefahren und haben mir eine sms geschrieben, dass ich den Anschiss meines Lebens bekomme, wenn ich mich nicht melde. Ich hab sofort Panik bekommen und wollte nach Hause, aber Lina wollte unbedingt noch dableiben. Sie hat nur noch rumgezickt und ich war total fertig, weil am nächsten Tag Weihnachten war. Also hab ich meine Eltern angerufen und die haben mich dann abgeholt. Lina war sauer, dass ich dann weg war und ich war total sauer, weil sie überhaupt kein Verständnis für meine Situation hatte.

Silvia, damals 14 Jahre alt, widersetzt sich bewusst ihren Eltern und fährt heimlich mit Lina auf die Party. Dort spitzt sich der Konflikt zu, als sie die SMS ihrer Eltern erhält und sofort nach Hause möchte, aber Lina auf keinen Fall schon gehen möchte. In dieser Ausnahmesituation ist Silvias Bindung zu ihrer Familie stärker. Obwohl sie ein gewaltiger *Anschiss* erwartet, will sie unbedingt nach Hause.

Mit Einträgen voller betont lustiger Andeutungen wird die Exklusivität ihrer Freundschaft für die anderen Freundinnen als Zuschauer dokumentiert. Immer enger und vereinnahmender wird die Verstrickung, bis die Unterschiede der beiden Mädchen zum Bruch führen. Die Freundschaft der beiden Mädchen endet wenige Monate nach der Time-Out relativ plötzlich, als Silvia mit 15 einen Freund hat. Als zwischen Silvia und ihrem Freund eine primäre Bindung entsteht, wird das Interesse an der Freundin geringer. Lina, die eine alkoholabhängige Mutter hat, hält es nicht aus, aus der Exklusivität mit Silvia gedrängt zu werden, und *zog tödlich beleidigt ab*.

11.5 Ministrantengruppe

In den Jahren 2005–2007 verfolgt Maria, die Leiterin einer Ministrantengruppe, die Entwicklung von acht Mädchen, die von der Grundschule an weiterführende Schulen wechseln und mit 12 bis 13 Jahren unter dem Einfluss des Schulmädchenkults in den sozialen Medien stehen. *Lokalisten* und *ednetz* waren im Kreis Mühldorf die Seiten mit zentraler Bedeutung. Maria, die dort selbst angemeldet war, beobachtete ihre Gruppe und die aufgeregten Anfänge der Onlinenetzwerke. Ihr Bericht liefert eine weitere Perspektive:

> Viele Herzen mit entsprechenden Schriftzügen flatterten durch die Alben, in den Gästebüchern wurde in langen Einträgen regelmäßig proklamiert, wie wichtig die andere doch sei und wie sehr man sie doch lieb habe. Dieser Hype griff schnell um sich und war auch schon bald in den Gruppenstunden nicht nur zu spüren sondern quasi allgegenwärtig. Die Mädchen, welche gemeinsam die Realschule besuchten, gingen alle in eine Klasse und waren mittlerweile zwölf, dreizehn Jahre alt. Das Klassengesche-

hen war Gesprächsthema Nummer. 1. – auch in den gemeinsamen Gruppenstunden. Es ging ständig darum wer
jetzt mit wem „best friend" ist und wer nicht mehr, wer
wem einen Gästebucheintrag hinterlassen hatte […]

Ihre Schilderungen sind paradigmatisch für die Start-up-
Phase der schülernahen Onlinenetzwerke. Die erste Generation weiblicher Nutzer im Teenageralter erhebt Mädchenfreundschaften und das Klassengeschehen zum Thema
Nummer 1. Das Medium bietet die Plattform für wirksa-
me Inszenierungen, doch die Entstehung von Trends und
die Inhalte des Schulmädchenkults liegen in den Mädchen
selbst begründet. Aus dem *best friends for ever* wird bald die
allerbeste Freundin für immer. Folgende Anekdote aus der
Gruppe zeigt, wie enorm hoch die Bereitschaft ist, einen
Kult zu perfektionieren:

Steffi und Jessy waren „best friends for ever" und das zeigte
sich auch in den Gruppenstunden. Die beiden waren unzertrennlich – oftmals beteiligten sie sich gar nicht mehr an
den Aktivitäten der anderen, sondern saßen in einer Ecke,
tippten auf ihren Handys herum, plauderten über Gästebücher und Klassenkameraden und hatten – so zumindest
mein Eindruck – auch nicht mehr wirklich Interesse an
der Gruppenstunde. Die beiden saßen immer zusammen,
oftmals die eine auf dem Schoß der anderen (obwohl natürlich genügend Stühle/ Platz dagewesen wäre). Niemand
durfte sich zwischen die beiden setzen, sie kamen auch immer gemeinsam, oft Händchenhaltend und gingen auch
gemeinsam wieder. Oftmals verwendeten sie Kosenamen.
„Maus" und „Schatzi" – ausgesprochen in einem betont
kindlichen Tonfall – sind mir da in Erinnerung geblieben.

Die beiden waren de facto mehr mit sich selbst beschäftigt, als mit dem Rest. Ein drittes Mädchen wollte unbedingt „dazugehören", war dann auch immer mit Jessy und Steffi dabei. Ich hatte aber den Eindruck, dass es sich dabei um den „klassischen Mitläufer" handelt, der in bestimmten Situationen dabei sein darf, aber nie wirklich Teil dieses Minigrüppchens wurde. Das zeigte sich darin, dass die beiden besten Freundinnen diesem Mädchen bestimmte Dinge nicht sagen wollten. Da hieß es dann immer „das ist nur für best friends". Oder auch, dass diese „nahen Momente" (Händchenhalten, auf dem Schoß der anderen sitzen, Koseformen, etc.) nur unter Steffi und Jessy zu beobachten waren. Das andere Mädchen saß quasi daneben und schaute zu. […]

Es liegt nicht allein am Einfluss der sozialen Medien, dass Maria ihre Gruppe kaum noch handhaben kann. Lediglich eine gewisse Überhöhung zwischenmenschlicher Prozesse schwappt aus der Online- in die Offlinerealität. Aus bindungstheoretischer Sicht inszenieren Jessy und Steffi vor der Gruppe und vor sich selbst eine emotionalisierte Wir-Identität, indem sie sich von der Gruppe und dem „klassischen Mitläufer" bewusst abgrenzen. Ohne die anderen als Zuschauer funktioniert ihre Selbstwahrnehmung nicht. Hier agiert ein Selbst, das unbedingt besonders sein muss. Sich wie die anderen in die Gruppe einzufügen, befriedigt nicht ansatzweise. Ohne Jessy und Steffi selbst kennengelernt zu haben, vermute ich, dass hier in der Pubertät und in den ersten Jahren auf der weiterführenden Schule ein Verhalten ausgelöst wurde, dass auf Bindungskonflikte zurückzuführen ist:

Eines Tages staunte ich nicht schlecht. Ich hätte die beiden fast nicht wiedererkannt. Schwarze Haare (Jessy neigte zuvor eher dazu, blond zu färben), extrem schwarz geschminkte Augen, die Schminke völlig verlaufen, gerissene Klamotten und eine Mine wie „drei Tage Regenwetter". Zuerst dachte ich, es seit etwas in der Schule vorgefallen, dann wurde ich aber mit der Zeit von den anderen Mädchen aufgeklärt: „Emo" nenne man diesen Trend, da gehöre es dazu „immer traurig zu sein". Ich fand das alles schon sehr seltsam, richtig geschockt war ich dann allerdings, als mir ein anderes Mädchen, das mit den beiden in eine Klasse ging, erzählte, dass Jessy sich nun auch ritze, wie so viele in der Klasse. Ich fühlte mich als Gruppenleiterin damals auch verantwortlich und habe Jessy einmal in einer ruhigen Minute allein darauf angesprochen, weil ich nicht glauben konnte, dass man so etwas macht, weil es alle tun. Ich vermutete eher Probleme in der Schule oder Zuhause. Und da ich eigentlich einen guten Draht zu den Mädchen hatte, dachte ich sie würde mir vielleicht „ihr Herz ausschütten." Aber, Jessy versicherte mir, dass sowohl in der Schule, als auch Zuhause alles in Ordnung sei. Sie versuchte noch mich zu beruhigen: „Mach dir keine Sorgen. Fast alle machen das. Und ich mach's so, dass keine Narben bleiben."

Mit der Feststellung, dass der „Emo-Look" und das demonstrative „Depri"-Verhalten bald wieder verschwinden, aber die Beziehungen das *Hauptgesprächsthema* bleiben, schließt der Bericht von Maria, die die Anfänge des Kults in seiner Breite zwischen Onlinecommunity und Klassenzimmer mitverfolgen konnte. Das Dunkle und übertrieben Depressive des Emo-Trends wird von etwas abgelöst, das sich als Konzept des Niedlichen bezeichnen ließe (Voigt 2015).

Maria vermutet sofort, dass der extreme Wandel (emotionales, exklusives und selbstverletzendes Verhalten – Haare schwarz färben und ritzen) aus einer seelischen Verletzung resultiert und nicht allein auf einer Mode beruhen kann. Doch zu Hause und in der Schule ist scheinbar alles in Ordnung, und *fast alle machen das.*

Die Mädchen, die mit *fast alle* gemeint sind, orientieren sich offenbar so sehr aneinander, dass sie bereitwillig ihre Haare schwarz färben und sich Hautverletzungen zufügen. Diese Bereitwilligkeit zeigt, dass der bewahrende elterliche Gegenpol zu schwach ist. Das Mädchen fühlt sich von ihren Freundinnen emotional umsorgt und in der Clique gut aufgehoben. Solange die Freundinnen die ganze Zeit für sie da sind, ist die Welt in Ordnung. Der Schulalltag reicht dafür aus, dass die emotionale Bindung nach zu Hause in den Hintergrund tritt, obwohl tatsächlich alles in Ordnung sein kann, in dem Sinne, dass sich dort nichts verändert hat. Im Grunde müsste genauer gefragt werden, was mit *in Ordnung* alles gemeint sein kann. Wie es in Jessys Familie aussieht, geht aus dem Bericht von Maria nicht hervor.

Kulturelle Überformungen von Verhaltensweisen, die symptomatisch für psychische Erkrankungen sind, treffen auf eine Generation, die diese Muster begeistert in ihre Identitätsbildung übernimmt. Wie ist es um die psychische Konstitution der Schulmädchengeneration bestellt? Man muss genau Hinsehen. Das aufgeregte Ausprobieren von Schminke wäre anders zu bewerten als das unvermittelte Kahlrasieren des halben Schädels. Das Durchstechen sämtlicher Körperteile mit Piercings, das stundenlange Stechen beim Tätowierer oder eben der Trend, dass 12-jährige Emo-Mädchen ihre blonden Haare schwarz färben und sich ritzen, können Versuche sein, einem inneren Schaden mit äußerem Schmerz zu begegnen und ihn nach außen zu tragen, als Schild, als Makel oder als Hilferuf und nur vordergründig als Mode. Wie *in Ordnung* ist ein zu Hause, wenn nicht sofort die Reaktion kommt: „Den Eyeliner und die schwarze Haarfarbe bringen wir jetzt gleich zum DM zurück! Und was hast du da eigentlich für Kratzer auf dem Unterarm?"

11.6 Freisinger Messerstecherin

Im Dezember 2011 hat eine 15-jährige Gymnasiastin im Unterricht auf ihre Banknachbarin und beste Freundin eingestochen. Die Regionalpresse berichtet:

> Von Anfang an stand das Motiv „Eifersucht" im Raum. Inzwischen scheint sich das erhärtet zu haben, allerdings soll es sich dabei nicht um eine Beziehung zu einem jungen Mann gehen, sondern um die Freundschaft der Mädchen untereinander (*Freisinger Tagblatt*, 16.12.2011: „Schüler sind ‚betroffen, aber gefasst'")

Eine Schülerin aus der Jahrgangsstufe darüber berichtete mir, dass das Opfer seit kurzer Zeit einen festen Freund hatte. Ihre 15-jährige Freundin fühlte sich vernachlässigt und reagierte dann unvermutet extrem eifersüchtig. Bisher galt das Mädchen, das sonst kaum Freunde hatte, als sehr schüchtern, unauffällig und zurückhaltend. Weitere Hintergrundinformationen waren nicht zu ermitteln.

Es handelt sich um einen Ausnahmefall, aber auch um die Spitze abnormer Ausprägungen in modernen Mädchenfreundschaften. Falls das Mädchen in einer symbiotischen Beziehung vollkommen auf seine Freundin eingestellt war, hatte sie vermutlich das Gefühl, von ihr nun wieder alleingelassen zu werden. Die Enttäuschung war für das Mädchen kaum zu verkraften. Wenn ein sehr unsicheres Bindungsverhalten zugrunde lag und das schüchterne Mädchen Schwierigkeiten hatte, bei Gleichaltrigen emotional zu „landen", dann aber doch eine beste Freundin für sich gewinnen konnte, empfand es den Rückzug aus dieser engen Bindung als Verrat.

Vermutlich hat das Mädchen viel mehr als bloß eine Freundin in ihrer Banknachbarin gesehen und vermutlich hat es wie ein kleines Kind diese Freundin dann auf den imaginären Thron gehoben, der der engsten Bezugsperson gebührt. Dieses kindlich bedingungslose Vertrauen musste zwangsläufig bitter enttäuscht werden. Folglich ist die geplante Rache mitten im Unterricht nicht nur als Ausdruck eines tiefen Schmerzes, sondern auch als das symbolische Herunterreißen vom Thron zu verstehen. Verstärkend kommt sicher das Gefühl hinzu, in der Klasse plötzlich wieder isoliert auf sich selbst zurückzufallen. Die Angst, verlassen zu werden, Wut und Enttäuschung haben sich zu einem Ohnmachtsgefühl gesteigert. Welche frühkindlichen Erfahrungen solch eine Gefühlslage wachgerufen haben mögen, kann nur eine Mutmaßung bleiben.

11.7 „Die Süße" bei Germany's next Topmodel

Die 18-jährige Betty ist in der 9. Staffel von *Germany's next Topmodel* 2014 die beliebteste Kandidatin. Sie hat schnell die meisten Fans auf Facebook, und auch unter ihren Konkurrentinnen ist sie ein wenig das „Häschen" und eine „Kuschelmaus". Immer zeigt sie ein strahlendes Lächeln und sie wirkt durch einen kindlichen, leicht lispelnden Tonfall eher wie 15. Ihr niedliches, teils schüchternes Verhalten (Mimik, Gestik, Sprache) entspricht einem Kindchenschema. Man muss sie einfach lieb haben und ins Herz schließen. Unter den Models ist sie „die Süße". Bettys Kindchenschema ist nicht gespielt, um eine gute Show zu liefern, sondern – so vermute ich – ein verinnerlichtes Reaktionsmuster. In der ersten Folge erfährt der Zuschauer, dass Betty als 11-Jährige in ein Heim gegeben wurde, nachdem sie mit ihrer beruflich sehr engagierten Mutter mehrmals umgezogen ist. Aus diesem Heim wurde sie auch von einem der Juroren der Castingshow abgeholt. Genauere Hintergründe, was ihr Verhältnis zur Mutter oder zu ihrem Vater betrifft, bleiben unklar.

Ich erwähne dieses recht vage Beispiel, nicht weil ich vergleichbare Schicksalsschläge in den Familien sämtlicher Mädchen vermute, sondern weil ich Abstufungen eines ähnlichen Verhaltens in ihren Onlineinszenierungen erkenne. Zudem erklärt Bettys Kindchenschema, was mit Niedlichkeit als verinnerlichtes Reaktionsmuster gemeint ist. Es geht nämlich nicht um ein bewusst inszeniertes Gebaren, wie etwa eine 25-Jährige das naive, kulleräugige

Schulmädchen imitiert. Eine gewisse Selbstsexualisierung als aufreizend unschuldig und schutzbedürftig spielt natürlich mit hinein und ist auf den Profilbildern der Mädchen ab 14 Jahren auch klar ersichtlich. Aber zusätzlich ist in den Netzwelten der Schulmädchen ein erlerntes und verinnerlichtes Schema niedlichen Verhaltens auszumachen, das darauf abzielt, bei den gleich alten Mädchen Gefühle zu wecken. Eine differenzierende Betrachtung von Selfies, die mit mädchenhaften Posen das Spannungsfeld zwischen süß und sexy ausreizen, ist also angebracht.

Einzelne Beispiele aus den sozialen Onlinenetzwerken und stichpunktartige Befragungen ermitteln nicht, ab wann eine Freundschaft zu einer symbiotischen Beziehung wird oder ab wann von einer Primärbindung unter Gleichaltrigen die Rede sein kann. Nicht alle Mädchen, die in einer Clique auffallend viel Nähe suchen, hunderte Likes für ihre Profilbilder einsammeln, in ultrakurzen Hotpants in die Schule gehen oder ihre Freundschaften dramatisch inszenieren, wurden von klein auf in Ganztagsbetreuungen ausquartiert oder mussten die Scheidung ihrer Eltern miterleben. Allerdings sind die Symptome, von denen Neufeld und Maté (2006), Brisch (1999) sowie Brisch und Hellbrügge (2003, 2006, 2010) sprechen, deutlich vorhanden. Die psychosoziale Konstitution der Schulmädchen tendiert insgesamt zu einer durch negative Bindungserfahrungen verursachten Labilität, der mit einer verstärkten Orientierung an gleich alten Freundinnen begegnet wird.

Literatur

Brisch KH (1999) Bindungsstörungen. Von der Bindungstheorie zur Therapie. Klett-Cotta, Stuttgart

Brisch KH, Hellbrügge T (Hrsg) (2003) Bindung und Trauma. Risiken und Schutzfaktoren für die Entwicklung von Kindern. Klett-Cotta, Stuttgart

Brisch KH, Hellbrügge T (Hrsg) (2006) Kinder ohne Bindung. Deprivation, Adoption und Psychotherapie. Klett-Cotta, Stuttgart

Brisch KH, Hellbrügge T (Hrsg) (2010) Bindung, Angst und Aggression. Theorie, Therapie und Prävention. Klett-Cotta, Stuttgart

Neufeld G, Maté G (2006) Unsere Kinder brauchen uns! Die entscheidende Bedeutung der Kind-Eltern-Bindung. Genius, Bremen

Voigt M (2015) Mädchenfreundschaften unter dem Einfluss von Social Media. Eine soziolinguistische Untersuchung. Peter Lang, Frankfurt a. M.

12

Schlusswort: Doch kein Smartphone zu Weihnachten?

„Kinder sind unsere Zukunft. Sie bestimmen den Weg, den unsere Gesellschaft künftig gehen wird. Und wohin dieser Weg führt, hängt entscheidend von den Chancen ab, die wir jungen Menschen geben." – So heißt es auf der Homepage der Bertelsmann Stiftung. Aber welche Chancen haben Kinder, die seit frühester Kindheit durch Institutionen geschleust werden?

Wenn aus Gymnasien durch Nachmittagsunterricht verkappte Ganztagsschulen und aus Cliquen pseudofamiliäre Kuschelzonen werden, verlieren Eltern die emotionale Bindung zu ihren Kindern. Und das sind sie nach wie vor: Kinder, die genau diesen Halt suchen, den nur Eltern geben können. Es klingt paradox: Erst durch die Gebundenheit an ihre Familie und das in ihr verinnerlichte Wertefundament sind Kinder in der Lage, eine unabhängige Identität zu entwickeln, selbstständige Entscheidungen zu treffen und stabile berufliche und private Beziehungen einzugehen. Intakte Familien sind die Keimzelle unserer Gesellschaft, hier werden Traditionen und Werte gelebt und von Generation zu Generation weitergegeben. Echte kulturelle Vielfalt ist die Summe einzelner Familientraditionen. Wenn Ganztagsbetreuung als familienfreundliche Politik gilt und die wahren Bedürfnisse von Kindern nicht beachtet werden, ist der Weg, den unsere Gesellschaft künftig gehen wird, vorgezeichnet.

Die massiv subventionierte Ganztagsbetreuung von der Kita bis zur Ganztagsschule muss auf den Prüfstand. Die Bindungsforschung zeigt, dass die ersten drei Lebensjahre für die Persönlichkeitsentwicklung entscheidend sind und die frühkindliche Fremdbetreuung erhebliche Risiken birgt. Setzt sich die „Karriere" der Kinder von Bezugsperson zu Bezugsperson und quer durch die Einrichtungen fort, ist die emotionale Entwurzelung programmiert und die Verhaltensauffälligkeit irgendwann unumkehrbar.

Die sogenannte Schulfamilie kann keine Nestwärme bieten. Kinder lernen am besten, wenn sie sich geborgen fühlen. Liebevolle Führung und individuelle Förderung sind die bewährte Ergänzung zum Schulvormittag. Wenn die Sehnsucht und Lernbereitschaft auf sich allein gestellter Kinder hauptsächlich mit gleich alten Freunden und amerikanischen Fernsehserien gestillt werden, reichen sporadische Qualitätszeiten in der Erziehung nicht mehr, um wirklich noch zum Kind durchzudringen. Aber je intensiver die Eltern-Kind-Bindung in den ersten Jahren war, umso besser können fehlgeleitete Orientierungen im Teenageralter aufgefangen werden.

Die ersten Jahre sind zwar entscheidend für das emotionale Rüstzeug der Kinder, aber die zunehmende Vereinnahmung im inzwischen pausenlos online vernetzten Freundeskreis und die mediale Dauerpräsenz sexualisierter Inhalte fordern Eltern noch einmal besonders. Der Staat sollte mit den Milliarden für Betreuungsplätze lieber Familienarbeit honorieren, die natürliche Elternkompetenz stärken und sich mehr um den Jugendschutz kümmern, wenn eine mündige Gesellschaft das Ziel ist. Nächstenliebe und Empathiefähigkeit als Grundstein für gesellschaftliches Funktionieren kann nicht im schulischen Toleranzunterricht eingebläut werden, wenn elementare Bedürfnisse der Lernenden selbst im Kern unbefriedigt sind.

Die größte Gefahr für das psychische Immunsystem der Kinder sind die Spätfolgen der sexuellen Revolution. Es mag banal klingen, aber nichts schafft so optimale Bedingungen für ein Kind, wie eine spannungsfreie Liebesbeziehung zwischen seinen Eltern. Wechselnde und brüchige Beziehungen und eine über die Jahrzehnte auf null reduzierte Sexualmoral hinterlassen ihre Spuren dort, wo in einer Ehe eigentlich Intimität, Vertrauen und Wertschätzung entstehen wollen. Die sensiblen Antennen der Kinder, die auf ihre Eltern geeicht sind, spüren den Zustand der elterlichen Beziehung genau. Stress, Angst, Wut und Enttäuschung sind Reaktionsmuster, wenn die Liebe zwischen den Eltern angeknackst ist. Die Sozialkompetenz der Generation, die mit dem *ich liebe dich* so schnell bei der Hand ist, erscheint oberflächlich antrainiert und einsturzgefährdet.

Die tieferen Ursachen der Selbstsexualisierung und der histrionischen Egozentrik in den Selbstbildern und Verhaltensweisen der Teenager müssen verstanden werden. Es wäre unverantwortlich hier nur von pubertärer Eitelkeit zu sprechen. Mädchen, die über ein stark sexualisiertes Erscheinungsbild mehr oder minder bewusst Bestätigung suchen, stehen nicht nur hormonelle Turbulenzen durch und probieren sich aus, sondern haben emotionale Defizite. An irgendeiner Stelle hat das Gefühl, geliebt und geborgen zu sein, Schaden genommen.

Sicher gebundene Kinder machen intuitiv das Wertefundament ihrer Familie zur eigenen Entscheidungsgrundlage. Sie betrachten sich und ihre Umwelt durch die Augen ihrer Eltern. Das heißt nicht, dass Teenager keine Identitätsfindungsphase durchlaufen, aber sie bleiben in der Spur und haben ein Selbstwertgefühl, das den ersten Stürmen standhält. Für Mädchen ist die Meinung ihrer Freundinnen zwar absolut wichtig, aber wenn der Rückhalt in der Familie auch im Schulalltag Sicherheit bietet, betrachten sie das bewertende Vergleichen unter Gleichaltrigen relativ entspannt. Freunde nehmen immer mehr Zeit in Anspruch, aber entscheidend bleibt die primäre Orientierung, ob Mädchenfreundschaften den Weg in ein eigenständiges und selbstbewusstes Erwachsenenleben begleiten oder sich zu vereinnahmenden Abhängigkeitsverhältnissen entwickeln.

Der innere, emotionale Abgleich mit dem Empfinden der Eltern prägt den Geschmack und das Verhalten bis weit über die Pubertät hinaus. Einen besseren Schutz gegen die zunehmende Sexualisierung gibt es nicht. Das natürliche Schamgefühl eines Kindes basiert auf der liebevollen Beziehung zwischen seinen Eltern, die verbindliche Werte auch in Bezug auf Sexualität vorleben. Mediale Botschaften werden vor allem dann relativ unreflektiert konsumiert, wenn dieser innere Abgleich nicht mehr funktioniert oder wenn sich von vornherein kein bindendes Wertefundament entwickeln konnte. Nicht der konkrete Inhalt oder das einzelne Vorbild, aber immer wieder gezeigte Handlungsmuster beeinflussen das junge Publikum in ihren Welt- und Selbstbildern.

Mit der „Pornografiewelle", die sich durch das Internet zieht und die Medienlandschaft insgesamt beeinflusst, erhöht sich der Sexualisierungsdruck unter den Mädchen zusehends. Die Frage ist aber, auf welche Gemütsverfassung die Sexualmoral des neuen Jahrtausends trifft. Vor allem wenn die pädagogische Prägekraft der Eltern gering ist, neigen Mädchen dazu, sich sexualisierten Erwartungen anzupassen, um das Gefühl zu haben, geschätzt und beachtet zu werden. Der erfolgreiche Körpereinsatz reizt zur Steigerung, und noch enger und kürzer werden die Shorts. Wenn die Freundinnen mitmachen und bereits stellvertretend für den männlichen Blick total begeistert sind, wird aus der anfänglichen Aufregung ein Lerneffekt.

Der Typus Schulmädchen mit bester Freundin hat viele Facetten und seine Entstehung viele Ursachen. So manches Onlineprofil treibt Eltern Sorgenfalten auf die Stirn, und viele ihrer Fragen beginnen mit „Ab welchem Alter …?". Ab welchem Alter ist ein Handy sinnvoll, ab welchem Alter kann man seine Tochter ein halbes Jahr in eine Gastfamilie in die USA schicken und ab welchem Alter kann man sie bei ihrem Freund übernachten lassen? Gespür für das eigene Kind und eine gefestigte Moral liefern die verlässlichsten Antworten. Eltern müssen noch für ihre Teenager mitdenken. Auch die schon so reif wirkenden Mädchen haben zum Beispiel nicht die Lebenserfahrung, dass es mit jeder abgebrochenen Beziehung schwieriger wird, sich auf den neuen Partner fürs Leben einzulassen. Dass man Achtklässlerinnen beim Frauenarzt abliefert, damit ihnen die Pille verschrieben wird, passt eher nicht zu einer Hochzeit im jungfräulichen Weiß.

Ich möchte Eltern dazu ermutigen, ihre Aufgaben bis weit in das Schulleben ihrer Kinder wahrzunehmen und dies auch als ihr gutes Recht zu betrachten. Es geht schließlich nicht um das Für und Wider von Smartphones, sondern doch eigentlich darum, eine mögliche Schieflage im seelischen Gleichgewicht der vermeintlichen Smartphonejunkies wieder etwas auszutarieren: Gemeinsam in der Familie verbrachte Zeit in geregelten Tagesabläufen ist die erste Voraussetzung, um geschwächte Bindungen wieder zu stärken. Auch Teenager wollen noch spüren, dass die Familie ihr Rückzugsraum ist, in dem sie bedingungslos angenommen sind.

Willkommen zu den Springer Alerts

- Unser Neuerscheinungs-Service für Sie:
  aktuell *** kostenlos *** passgenau *** flexibel

Springer veröffentlicht mehr als 5.500 wissenschaftliche Bücher jährlich in gedruckter Form. Mehr als 2.200 englischsprachige Zeitschriften und mehr als 120.000 eBooks und Referenzwerke sind auf unserer Online Plattform SpringerLink verfügbar. Seit seiner Gründung 1842 arbeitet Springer weltweit mit den hervorragendsten und anerkanntesten Wissenschaftlern zusammen, eine Partnerschaft, die auf Offenheit und gegenseitigem Vertrauen beruht.

Die SpringerAlerts sind der beste Weg, um über Neuentwicklungen im eigenen Fachgebiet auf dem Laufenden zu sein. Sie sind der/die Erste, der/die über neu erschienene Bücher informiert ist oder das Inhalts-verzeichnis des neuesten Zeitschriftenheftes erhält. Unser Service ist kostenlos, schnell und vor allem flexibel. Passen Sie die SpringerAlerts genau an Ihre Interessen und Ihren Bedarf an, um nur diejenigen Informa-tion zu erhalten, die Sie wirklich benötigen.

Mehr Infos unter: springer.com/alert

Printed in the United States
By Bookmasters